有點心機不算卑鄙

不算卑鄙

全集

公孫龍策 編著

The Wisdom of Life

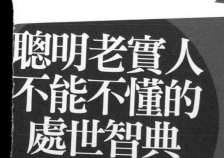

聰明老實人
不能不懂的
處世智典

孟德斯鳩曾說：

**我一直認為，一個人想要獲得成功，
就必須表面上忠厚老實，
實際上暗留一點心機。**

確實如此，在這個爾虞我詐的社會裡，當個厚道的老實人固然值得稱許，
但是一定要多留幾個心眼，千萬不能忽略人性中的狡猾虛偽、奸詐殘忍、言行不一……
等黑暗面。

因此，做人做事一定要具備一點心機，方能避開各種陷阱和危機，
甚至借力使力，開創自己成功的契機。
想要比別人更快出人頭地，就必須運用一些必要的手段；只要不是心存惡念，
有點心機，其實不算卑鄙。

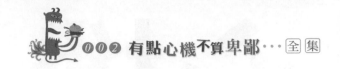

出版序　　　　　　　　　　　　　● 公孫龍策

有點心機，比較容易出人頭地

 在充滿競爭的社會中，除了能力要比別人強，更要比別人懂得智謀的運用和機會的把握。

　　美國作家愛默生曾說：「成功者並非比失敗者有腦筋，只不過他們比失敗者多了一點心機。」

　　確實如此，唯有懂得運用智慧的人，才可能激發高明的創意，為自己創造出無可比擬的競爭力。

　　有點心機其實不算詐，它只不過是為了保護自己，同時讓自己更順利達成目的。

　　做人做事必須有一些心機，才不會老是在現實社會碰壁。千萬別以為自己比別人還要認真，比別人還要努力，就一定可以出人頭地；要是你不具備應有的心機，不懂得運用一些必要的手腕，就會像一把沒有準星的槍，很難命中目標。

　　活在這個「靠銀行，銀行會倒；靠政府，政府會跳票」的年代，想要出人頭地，就必須具備一些做人做事應有的心機，別再傻乎乎地混日子。因為，裝傻只會讓你越來越傻，擺爛只會讓你越來越爛！

　　日本松下公司準備從新聘的三名員工中，選出一位來從事市場行銷企劃工作。

　　人事主管於是計劃讓他們來個職前「魔鬼訓練」，並從中挑選出最適合的人選。這三個人被送到廣島去生活一天，每個人身上只有一天二千日元的生活費用，最後誰剩下來的錢最多，誰就是優勝者。

　　生活費已經夠少了，還要有錢能剩下，實在是件困難的事。

　　一罐烏龍茶的價格是三百元，一瓶可樂的價格是二百元，而且最便宜的旅館一夜也要二千元。也就是說，他們手裡的錢剛好能在旅館裡住一夜，但是這麼一來，他們一天的錢也就沒有了。所以，他們要不就別睡覺，要不然就不吃飯，除非他們能在天黑之前，讓這些錢生出更多的錢。但是前提是，他們必須單獨生活，三個人不能相互合作，更不能幫人打工。

　　於是，三個人便開始各憑本事了。

　　第一位先生非常聰明，他用五百元買了一副墨鏡，用剩下的錢買了一把二手吉他，來到廣島最繁華的新幹線售票大廳外，扮起「盲人賣藝」來。半天下來，大琴盒裡已經裝了滿滿的鈔票了。

　　第二位先生也非常聰明，他花五百元做了一個大箱子，也放在繁華的廣場上，箱子上寫著：「將核子武器趕出地球，紀念廣島災難四十周年，為加快廣島建設大募捐」。然後，他用剩下的錢僱了兩個中學生，並在現場宣傳講演，不到中午，箱子也裝滿了一整箱的捐款了。

　　至於第三位先生，看起來好像是沒什麼頭腦的傢伙，也許他真的累了，所以他做的第一件事，就是找個小餐館，點了一杯清酒、一份生魚、一碗飯，好好地吃了一頓，一下子就花掉了一千五百元。接著，他找了一輛廢棄的汽車，在那裡好好地睡了一覺。

一天下來，第一位和第二位先生都對自己的聰明和不菲的收入暗自竊喜。可是，到了傍晚時，兩個人卻同時面臨了意料之外的厄運。

一名佩戴胸章和袖標、腰間配帶手槍的稽查人員出現在廣場上，他摘掉了「盲人」的眼鏡，摔爛了「盲人」的吉他，也撕破了募捐的箱子，在沒收了他們全部的「財產」後，還沒收了他們的身份證，揚言要以欺詐罪起訴他們。

就這樣，一天結束了，當第一位先生和第二位先生設法借到路費，狼狽不堪地返回松下公司時，已經比規定時間晚了一天了，而且更尷尬的是，那個「稽查人員」已經在公司恭候多時了！

原來，他就是那個在餐館裡吃飯，在汽車裡睡覺的第三個先生。他的投資，是用一百五十元做一個袖標、一枚胸章，花三百五十元，向拾荒老人買了一把舊玩具手槍，和化裝用的絡腮鬍子。

這時，公司的國際市場經銷部課長走了出來，對著站在那裡發呆的「盲人」和「募捐人」說：「企業要生存發展，想獲得豐厚的利潤，不僅要知道如何攻入市場，更重要的是，要懂得如何攻下敵方的整個市場。」

人性作家凱特曾經提醒我們：「做人要聰明到懂得見風轉舵，做事精明到懂得過河拆橋。」

地球已經變平了，競爭者正虎視眈眈想搶走你的機會。想要比別人成功，光是靠認真和努力是不夠的，有時候在做人方面必須多一點心機，在做事方面必須多一些手腕，才能讓自己在這個充滿變數的社會中出人頭地。

小人為了陷害別人或是爭奪利益，往往會想盡各種辦法，並

且變換各種身分，然後在關鍵時刻，誘使對方墜入他們設好的圈套。現實社會就是這樣，戲法人人會變，巧妙各自不同。在充滿競爭的社會中，除了能力要比別人強，更要比別人懂得智謀的運用和機會的把握。

也許，遭遇到層層阻礙和打擊之時，有人會質疑社會的現實、不公，但是，與其質問別人的投機，不如學習第三位先生的機智。

人的智慧和創意是沒有極限的，當大家都用相同的手段和方法時，只要你能比別人多動腦一分鐘，你就能把別人的機會搶過來，甚至還能為自己創造另一個獨一無二的機會。

普濟曾經這麼說：「只有懂得看風使帆，才能讓你的生命之船安全抵達人生終點。」

做人做事多一點心眼，才會多一點勝算。在這個講究策略的年代，心機儼然成了最重要的競爭力。在人性高速公路上，心機絕對是讓你避免受重傷的「安全氣囊」，在為人處世方面，心機則是你的「心靈防彈衣」。

做人做事一定要具備一點心機，方能避開各種陷阱和危機，甚至借力使力，開創自己成功的契機。

想要比別人更快出人頭地，就必須運用一些必要的手段；只要不是心存惡念，有點心機，其實不算卑鄙。

Part 1

把壞人變成另類的貴人

不要被不留口德的「壞人」看扁，
要不斷激勵自己，一定要比對方強，
如此一來，對方就會變成你人生過程中的另類貴人。

Part 2

感謝壞人送給你的機運

事情都已經發生了，
不如動腦想想有何解決之道，
或是如何「把壞人變貴人」，
也許這將是另一個「弄拙成巧」的奇蹟。

Part 5

該說謊的時候，還是得說

雖然說謊不是好事，
但是偶爾一兩句善意的謊言，
會帶來令人意想不到的驚喜效果。

Part 6

凡事斤斤計較，不見得比較好

吃點小虧，反而更能佔得長遠的大便宜。
把這種體會作為為人處世的準則，
更能活得瀟灑、率真、愉快。

Part 7

見好就收，別逼人無路可走

做人不要做絕，說話不要說盡，
凡事留有餘地，為自己留條後路。
特別是在利弊面前，更應該見好就收。

Part 8

給人下台階，交往更和諧

人際交流互動過程中，
遇到令人尷尬的場面時，
別忘了主動釋出善意，
為別人留個「台階」。

Part 9

使場面難堪的實話，不說也罷

如果講實話會造成對方的難堪，
或者對自己造成妨礙，
那就該暫且忍耐，甚至不說也罷。

Part 10

小心「一見如故」背後的暗算招數

別有用心的人在對你說「一見如故」時，
摻雜了很多奉承、拍馬的成分，
此時，你必須加以防範。

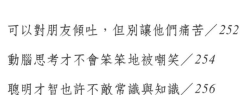

Part **13**

感謝那些陷害你的人

敵人如果害不死你，
他就等於變相推你一把，
把你推上更崇高的地位，
害你的渾蛋，也有可能是幫助你的貴人。

把壞人變成另類的貴人

不要被不留口德的「壞人」看扁，

要不斷激勵自己，一定要比對方強，

如此一來，對方就會變成你人生過程中的另類貴人。

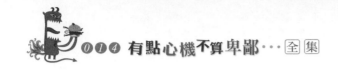

冷靜與機智是絕處逢生的幫手

冷靜與機智的養成必須雙管齊下，培養靈活的解決應變能力之外，更要建立起對自己處事能力的自信。

　　身處在危險的崖邊，很多人經常因為絕望而選擇了放棄。

　　然而，他們卻從來都不知道，就在身後，其實隱藏著一條絕處逢生的後路，只要能再冷靜一點，願意用明智的雙眼去探尋，便一定能發現。

　　將冷靜與機智套用在日常生活中，我們便能輕易地發現，無論在工作中還是生活上，面對突發的危機，如果我們臨場反應夠冷靜，充分地表現機智，無論情勢有多不利，最後都將化險為夷。

　　霍爾是波斯帝國的太子，有一年率兵遠征，不幸被阿拉伯的士兵俘虜，當士兵們將他押解到國王的面前時，國王便立即下令處斬。

　　在刑場上，霍爾向國王請求：「主宰一切的國王啊！我現在口渴得十分難受，您胸懷大度，能不能讓您的俘虜喝足了水後再處死啊？」

　　國王點了點頭答應，示意侍衛端一碗水給他，霍爾接過水後，立即將碗湊到嘴邊作勢要喝。

　　但是他只將碗放在嘴邊，卻沒有飲用，反而以十分驚恐的眼

神環顧四周。

準備行刑的士兵怒斥道：「你爲什麼不喝？」

只見霍爾竟渾身發抖起來，接著還以十分驚懼的聲音說：「我聽說……我聽說，你們這些人非常兇殘且不懂天理，我擔心當我正在品味這碗最後的清水時，會有人舉刀殺死我。」

國王聽見霍爾的擔心後，立即安慰他說：「你放心吧！沒有人會動你。」

霍爾一聽，連忙請求道：「真的嗎？國王您能不能給我一個保證，讓我安心地品嚐這碗水？」

阿拉伯國王舉起了手，說道：「我以真主的名義發誓，在你沒喝下這碗水之前，沒有人能傷害你。」

沒想到國王一說完，霍爾竟毫不遲疑地將這碗水潑灑到地上。

「混帳！你這什麼態度啊！我好心給你喝水，你竟然不領情，來人啊，立即將他推出斬首！」國王厲聲喝道。

這時，霍爾竟平心靜氣地問國王：「等等，國王陛下，您剛才不是莊嚴地向真主發誓，保證不會讓我受到傷害嗎？」

國王聽了，大聲地解釋道：「我只是保證，在你沒喝下那碗水之前，誰也不能傷害你！」

這時，聰明的霍爾滿臉微笑地說：「陛下您說的沒錯，您也看見了，我並沒喝下『這碗水』啊！而且我再也喝不到『這碗水』了，因爲它已經滋潤了您的土地，所以，陛下要履行您身爲君王的誓言啊！」

國王一聽，這才恍然大悟自己上當了，最後只好釋放了霍爾。

面對壞人之時，冷靜與機智是求生的兩大支柱。就像故事中的霍爾，如果他無法冷靜情緒，恐怕很難表現出如此聰穎的機智，

相對的，即使能冷靜情緒，要是累積的智慧不足，恐怕也無法營造出化險為夷的結局。

　　冷靜與機智的養成必須雙管齊下，除了培養靈活的應變能力之外，更要建立起對自己處事能力的自信，然後才能在冷靜、機智的絕佳狀態中，輕鬆地解決別人認為已經回天乏術的難題。

　　遇到壞人，能不能扭轉劣勢，在於我們的心中是否有改變的實力與勇氣。未來是生機無限還是一片灰暗，決定權從來都在我們的手中，只要我們能保持冷靜，相信自己的處事智慧，那麼最後的結果終將超乎人們的想像與預言。

巧妙出擊，就能輕鬆解決難題

不必擔心問題叢生，只要微笑面對，然後我們就能發現解決的方法，輕鬆自信地渡過一個又一個難關！

　　孟德斯鳩曾說：「我一直認為，一個人想要獲得成功，就必須表面上忠厚老實，實際上暗留一點心機。」

　　確實如此，在這個爾虞我詐的社會裡，當個厚道的老實人固然值得稱許，但是一定要多留幾個心眼，千萬不能忽略人性中的狡猾虛偽、奸詐殘忍、言行不一……等黑暗面。

　　生活中，我們一定會與麻煩相遇，也一定會和困難過招，因為它們都是我們人生歷程中的一部份。

　　處於不利的形勢或被動的局面時，只要能巧妙地擊，搶得解決問題的主導權，不僅能反敗為勝，更能在事情圓滿落幕後，輕鬆坐上成功的寶座。

　　阿桑是個伊朗人，為人開朗厚道且樂於助人，由於頗有積蓄，所以經常有人想向他借錢。

　　這天，有位經營服飾業的朋友來訪，阿桑熱情地招待。但過了一會兒，友人卻愁眉苦臉了起來，阿桑便問：「加伊啊，你怎麼滿臉愁容啊？」

　　加伊嘆了口氣說：「唉，現在生意難做啊！像現在，明明有

一個現成的生意，可我卻沒有本錢投資。」

阿桑關心地問：「喔，那你缺多少錢？」

加伊說：「如果有二千金幣就夠了，我說阿桑，你能不能幫幫我啊？」

重情義的阿桑二話不說，立即說：「沒問題。」

於是，兩個人立即寫下了借據，加伊感動地說完謝意與歸還日期後，拿著錢便離開了。

過了幾天，阿桑的妻子問起了這件借錢之事，並向阿桑要借據來看看，誰知阿桑竟將借據給弄丟了。

「啊！借據不見了。」阿桑緊張地向妻子說。

這時，妻子連忙提醒他：「沒有了借據，加伊恐怕會把錢賴掉啊！」

著急的阿桑一聽，立即去找友人納斯丁想辦法，納斯丁追問：「你們簽寫借據時，有沒有其他人在場？」

阿桑搖了搖頭：「沒有啊，就只有我們兩個人。」

「那期限多久？」納斯丁又問。

只見阿桑伸出一個食指說：「一年。」

納斯丁想了一會兒，忽然說：「有了，你馬上寫封信給他，並催促他儘快還你二千五百金幣。」

但是，老實的阿桑卻說：「不對啊！我只借他二千金幣。」

納斯丁笑著說：「你這麼寫就是了，因為他一定會回信提醒你，他只向你借『二千金幣』啊！」

阿桑明白地點點頭，立即寫信，果然三天後，加伊回信寫道：「我只向你借二千金幣！而且當時言明一年後才還，你別擔心，我一定會還給你的。」

而這封回信，便成了阿桑新的「借款證明」。

　　一個小小的變通，讓老實的阿桑重新得到一份借款證明，也讓原本可能失去的財富，再又失而復得。

　　故事中沒有誇張的解決技巧，只是簡單地寫一封信，然而從中，我們不難領悟出一個宗旨：「**發生問題時先冷靜，然後再慢慢地思考出最好的解決辦法。**」

　　其實，發生問題時，我們無法預料會出現哪些狀況，但是處理問題時，卻可以要求自己從事情的不同角度中探尋，多元地找出任何可能解決的方案，力求能圓滿解決。

　　從這則簡單的故事中，我們也省悟出一個生活重點：不必擔心問題叢生，只要微笑面對，然後我們就能發現解決的方法；不必害怕困難出現，只要微笑面對，我們就能輕鬆自信地渡過一個又一個難關！

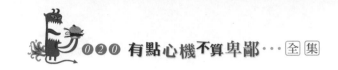

把壞人變成另類的貴人

不要被不留口德的「壞人」看扁，要不斷激勵
自己，一定要比對方強，如此一來，對方就會
變成你人生過程中的另類貴人。

　　古羅馬思想家西塞羅曾經寫道：「刻毒的壞人，比那些表面
合意的朋友，對人更有用處，因為前者說的常常是實話，而後者
從來不會講實話。」

　　的確，一個處心積慮想陷害你的壞人，了解你的弱點，絕對
比那些只會向你逢迎拍馬的朋友要強得多，因此，從另外一個角
度來看，所謂的壞人，又何嘗不是幫我們更了解自己弱點在哪裡
的另類貴人？

　　人在邁向成功的過程中，必須具備的心理特質，就是勇敢地
面對別人的嘲笑與譏諷，因為，譏刺的話語往往比刀劍還要銳利，
會刺傷一個人的意志。

　　美國的玉米大王斯泰雷，就是因為勇於把別人譏諷當成奮發
向上的激勵，才獲得令人羨慕的成功。

　　斯泰雷十六歲的時候，曾經在一家公司當售貨員，當時，他
的職位和薪資都很低，工作量卻非常龐大。

　　斯泰雷心中一直有個願望，那就是要成為一個不平凡的人。

　　但是，每當他流露出自己內心的想法時，公司的老闆便要他

少做白日夢，並刻薄地譏笑他不自量力、異想天開。

有一天，他被老闆狠狠地訓斥了一頓：「老實說，像你這種人根本不配做生意，你只是徒有一身蠻力，卻一點腦袋也沒有，我勸你還是乾脆到鋼鐵工廠去當個工人吧！」

這番話惡毒的話語嚴重刺傷了斯泰雷的自尊，因為他自認做事講究方法，而且一直都非常小心謹慎，工作態度也相當主動積極主動，被老闆這麼一激，不禁出言反擊。

他對老闆反駁說：「先生，你當然有權力將我辭退，但是，你不可能毀滅我的意志。你說我沒有用，那是你主觀的偏見，這一點也不會減損我的能力。你看著吧！總有一天，我會開一家比你大十倍的公司。」

老闆聽到這個不知天高地厚的年輕人，竟然敢出言頂撞自己，不禁嗤之以鼻，而且立即將他開除。

誰知道，幾年之後，斯泰雷果真憑著自己的智慧，創造了驚人的成就，成為享譽全美的玉米大王。

把別人的嘲諷視為激勵，它就能變成逆境中前進的動力。

其實，我們一點也不必害怕被人譏諷和責難，有時候，這些話語並非全然沒有根據，或許自己真的有某些不足之處需要補強。

因此，聽到別人的譏諷和責難，我們應當虛心記取，仔細反省自己是否有對方所說的缺失，並努力加以修正。

反省之後，如果自認沒有任何缺失，或是錯誤根本不在自己，那麼就把這些嘲諷和貶抑轉化成向上躍升的動力。

不要被這些不留口德的「壞人」看扁，要不斷激勵自己，一定要比對方強，如此一來，對方就會變成你人生過程中的另類貴人。

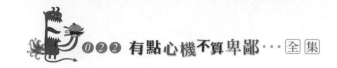

借力使力，就能無往不利

只要不迷信表面現象，你就可以輕易洞穿「壞人」使壞的伎倆，然後借力使力，成為一個「把壞人變成貴人」的聰明人。

《唐吉訶德》的作者塞萬提斯曾說：「無論瓦罐碰了石頭，還是石頭碰了瓦罐，遭殃的總是瓦罐。」

因此，如果你是「瓦罐」，壞人是「石頭」，與其跟壞人硬碰硬，還不如把壞人當成一個讓自己戒慎恐懼的「人性鬧鐘」。

其實，壞人並不可怕，最可怕的是在「壞人」面前迷失自己，根本不知道他們到底壞在哪裡？如果你知道他們如何對你使壞，至少你可以藉此了解自己的罩門在哪裡，然後加以補強。

在一場歐洲音樂指揮大賽中，有三位頂尖的指揮家進入最後決賽，其中有一位是世界著名的日本指揮家小澤征爾。

決賽之時，小澤征爾照著評審委員會提供的樂譜指揮樂隊演奏，卻發現樂譜出現幾個錯誤，使他無法與樂隊協調。

小澤征爾本來以為是樂隊演奏時出差錯，便立即停下指揮，要求樂隊重新演奏，然而，第二次演奏時卻仍然無法讓他滿意，因此他便向評審委員指出樂譜有誤。這時，有位評審委員鄭重其事地強調，樂譜根本就沒有問題，完全是小澤征爾個人的錯覺。

面對這位音樂界的權威，小澤征爾對自己的判斷有些猶疑，

但是幾經思考後，他仍然十分肯定地大聲說道：「不，一定是這份樂譜有誤！」

他的話一說完，評審席上立即傳來了熱烈的掌聲。原來，這是評審委員們故意設計的「圈套」，用來考驗指揮家們在發現樂譜出錯，並遭到權威人士否定他們的判斷時，是否能夠堅持自己的判斷正確無誤。

在此之前，其實前兩位參賽者也發現了這個問題，但他們卻懾服於權威，誤入「圈套」，最後慘遭淘汰。只有小澤征爾沒有被評審委員騙倒，因為他跳脫了一言堂式的權威迷思，清楚知道音樂世界裡的是非對錯，也因此成為最有資格獲得這次比賽桂冠的指揮家。

每個人都會有判斷上的盲點，事業或生活當中，有時也會出現無法解決的難題，因此，在尋求問題的解答之時，更應該建立自信。如果，你是一個一味跟著眾人前進的人，那麼不妨多給自己一些信心，因為，邁向成功的道路上，會有許多「壞人」設下的陷阱，不要一味地聽取別人的指引，也許他們給你的會是一條深不可測的「圈套」。

當然，圈套不一定是「壞人」故意設置的，有時是因為你不知變通，不相信自己的判斷，不自覺地掉了進去。

擺脫「壞人」捉弄的要訣之一是：別太相信表面現象。如果，你是個缺乏獨立性與自主精神的人，就應該從現在開始，試著用你的眼睛看世界，用你的判斷去實踐每一件事。

只要你不迷信表面現象，慢慢的，你便會發現，自己可以輕易洞穿「壞人」使壞的伎倆，然後借力使力，成為一個「把壞人變成貴人」的聰明人。

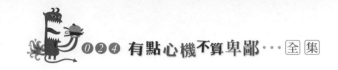

與其唉聲嘆氣，不如再接再厲

哲人波魯塔克曾說：「衡量一個人的傑出與否，取決於他是否禁得起考驗和挫折。」

　　真正聰明的人，不會因為一時的失敗而情緒失控，更不會稍不如意便失去理智，反而會再接再厲。

　　因為他們十分清楚，暴跳如雷於事無補，只有發憤圖強，戰勝眼前的困境，才會讓自己步上成功的路途。

　　連鐵杵都能磨成繡花針了，你還認為天底下有什麼不可能的事嗎？

　　不要被一時的失意蒙蔽了眼睛，只要把打敗自己的「壞人」，當成讓自己發憤圖強的貴人，你就會看見一個全新的自己。

　　你知道拿破崙在滑鐵盧一役是被誰所打敗的嗎？

　　答案是英國的威靈頓將軍。

　　這位打敗英雄的英雄並不只是幸運而已，他也曾嚐過打敗仗的滋味，並且好幾次被拿破崙的軍隊打得落花流水。

　　最落魄的一次，威靈頓將軍幾乎全軍覆沒，只好落荒而逃，逼不得已藏身在破舊的柴房裡。

　　在飢寒交迫中，他想起自己的部隊被拿破崙打得傷亡慘重，這樣還有什麼面目回去見江東父老呢？萬念俱灰之下，打算一死了之。

　　正當他心灰意冷的時候，突然看見牆角有一隻正在結網的蜘蛛，一陣風吹來，網子立刻被吹破了，但是蜘蛛並沒有就此罷休，再接再厲，努力吐絲，立刻開始重新織網。

　　好不容易又快要結成時，一陣大風吹來，網子又散開了，蜘蛛毫不氣餒，轉移陣地又開始編織牠的網子。

　　像是要和風比賽一般，蜘蛛始終沒有放棄，風越大，牠就織得越勤奮，等到牠第八次把網織好以後，風終於完全停止了。

　　威靈頓將軍看到了這一幕，不禁有感而發，小小的一隻蜘蛛都有勇氣對抗大自然這個強大的勁敵，自己一個堂堂的將軍，更應該要奮戰到底，怎能因為一時的失敗而喪失鬥志呢？

　　於是，威靈頓將軍接受失敗的事實，並且重振旗鼓，苦心奮鬥了七年之久，總算在滑鐵盧之役一舉打敗拿破崙，一雪當年的恥辱。

　　或許可以這麼說，打敗拿破崙的不是威靈頓，而是那隻不屈不撓的蜘蛛，以及牠堅持到底的勇氣。

　　蜘蛛結了八次網才完成，威靈頓屢次遭失敗後才打倒拿破崙，說明無論大事小事，不管簡單困難，其實都必須具備絕對的決心毅力才能做到。

　　哲人波魯塔克曾經說過：「衡量一個人的傑出與否，取決於他是否禁得起考驗和挫折。」

　　失敗是什麼？失敗是通往成功的必經之路。

　　壞人是什麼？壞人就是讓你更成功的人。

　　既然如此，那麼，你又何必為了一時的失敗或不如意，坐在那裡唉聲嘆氣，怨東怪西呢？趕快把讓你遭受失敗的「壞人」當成貴人，化失敗為成功的動力，徹底擊潰對手吧！

「敢做」，比「會做」更重要

想要成功，就不能害怕冒險。有了周密思考後所做的客觀判斷，再加上過人的膽識，那麼成功自然就能水到渠成了。

　　日本心理學家德田虎雄在《產生奇蹟的行動哲學》中，告訴我們一個鍛鍊堅強性格的方法：「為了像一個真正的人那樣生活，就要有自己的奮鬥目標，並為了達到目標而徹底改變自己。」

　　也許出身的地位有高低之分，但成功卻不會有任何設限，因為任何人都有成功的機會，只是看你敢不敢、願不願意盡全力爭取而已。

　　理查德‧科布登是一個農夫的兒子，年紀很小的時候就被送到倫敦，在一個倉庫裡受僱為童工。

　　理查德從小就是個勤奮上進的孩子，渴望能夠吸收更多的知識，可惜，他的僱主是個非常保守專制的人，總是鄙夷地認為工人就是工人，根本不需要讀太多書。

　　面對財大氣粗的老闆，理查德只能偷偷摸摸地自修學習，將從書本中獲得的知識默默藏在心裡。

　　學識所帶來的價值，很快地便展現在他的工作中，使他從一個倉庫管理員，成為旅行全國的推銷員；理查德更從中建立起屬於自己的人脈，為日後的獨立奠定基礎。

等到存夠錢之後，理查德便開始了他的商業生涯。

經過許多年的奮鬥，經商成功的理查德，有感於自己當年想讀書卻沒有書讀的遭遇，決定致力於普及大眾教育。

為了宣傳他的理念，理查德必須到處巡迴演講。

然而，他沒有這方面的經驗和訓練，首次在公眾面前發表的演講可說是慘不忍睹。

但是，理查德並不因為譏笑而不氣餒，靠著毅力和不斷地練習，終於成為最具說服力的演講者之一。

理查德戰勝了那些折磨他、嘲諷他的「壞人」，把他們當成人生的跳板。他獲得非凡的成功，還被評價為：「他是將個人才能和努力發揮得淋漓盡致的最佳典範，也是出身社會最底層的窮人，經由發揮自己的價值，躋身到受人尊敬的地位中，完美的一個例子。」

想要成功，就不能害怕冒險。

所謂的冒險，不是指盲目的鋌而走險，而是建立在周密的思考後所做的客觀判斷和積極行動；要達到這一步，必須累積相當開闊的視野和豐富的經驗。

有了這些條件，再加上過人的膽識，成功自然也就能水到渠成了。

嫉妒程度，是衡量成功的尺度

不必在乎別人嫉妒的眼光，因為平庸的人吸引不了眾人的目光，唯有真正有作為的人，才有讓人嫉妒的機會。

嫉妒別人不是一件好事，但是被別人嫉妒可就不一樣了。

要是你沒有某種程度的本事，在別人心中沒有相當的評價和地位，那些「壞人」又為什麼要嫉妒你呢？

海軍軍人伯利是一位名副其實的探險家，在一九○九年四月六日乘雪橇到達北極，成為到達北極的第一人。

這次的探險圓滿成功，讓他一夕之間聲名大噪，因為這個紀錄是好幾個世紀以來，許多探險家不惜冒著生命危險也無法達成的。

不過，這次的探險卻讓伯利付出慘痛代價，他的腳長滿了嚴重的凍瘡，醫生不得不為他切除八個腳趾頭，而這個因為探險所受的重創，也讓他痛苦了好長一段時間。

就在這個時候，伯利在海軍的上司也因為他聲名大噪，而充滿嫉妒心理，對他表現出極大的不滿。

因此，後來當伯利再度提出到北極探險的計劃時，他們不但強烈反對，而且還公開抨擊伯利是假借「科學探險」之名，行募集資金「到北極逍遙快活」之實。

　　這些海軍的高階將領們竭力地阻撓伯利的北極探險計劃，最後在麥金雷總統出面干預下，伯利才得以繼續進行他的北極探險。

　　如果伯利一直都待在海軍總部裡當一名普通而沒沒無聞的軍官的話，他還可能遭到這種嚴詞抨擊嗎？

　　當然不可能，因為他在海軍總部的重要性、知名度和影響力，都不至於招來別人的眼紅。

　　相對的，要是伯利害怕遭到嫉妒，因此卻步不前，放棄探險計劃的話，那麼他也不可能有名留青史的機會了。

　　嫉妒的程度，是衡量成功的尺度，只要你認為自己的決定是對的，那麼就儘量放手去做吧！

　　只要你有真才實學，就不必在乎別人嫉妒的眼光，因為，平庸的人吸引不了眾人的目光，唯有真正有作為的人，才有讓人嫉妒的機會。

有實力，才有好運氣

雖然成功有時候也會受到運氣的影響，但是運氣不可能平白無故地從天上掉下來，而是在累積一定的實力之後，才會降臨在努力的人身上。

　　腳踏實地是的成功首要條件，但不可否認的是，有時候，「運氣」多多少少也可能成為影響成功的條件之一。

　　只不過，運氣是很抽象的，只有在努力不懈的過程才會出現。

　　有一位老伐木工正在對新入行的班納德解釋要如何砍樹，老伐木工說：「要是你不知道樹砍斷後會落在什麼地方，那麼就不要砍它。而且樹總是會朝支撐力少的方向落下，所以，如果你想讓樹朝哪個方向落下，只要削減那一方的支撐力就可以了。」

　　班納德聽完，心中覺得半信半疑，他知道要是稍有差錯，他們要不是損壞一棟昂貴的別墅，就是弄垮一幢磚砌的車庫。班納德滿心不安地依照老伐木工的指示，在兩幢建築物中間的土地上劃一條線。

　　在那個還沒有電鋸的時代，砍樹主要靠的是腕力和技巧。

　　老伐木工等班納德準備完成之後，揮起斧頭便向大樹砍去。這棵大樹的直徑大約一公尺，老伐木工年紀雖然大，但臂力還是很強勁。過了半小時，大樹果然不偏不倚地倒在班納德所畫的線上，而且樹梢離房子還有很遠的距離。

班納德很佩服老伐木工的本事，但是老伐木工什麼也沒有表示，只是默默地將大樹砍成整齊的圓木，再把樹枝劈成柴薪。班納德對老伐木工說：「你的技術真好！我絕對不會忘記你今天所教導的砍樹技巧！」

一直不發一語的老伐木工，這時才緩緩地對班納德說：「算我們的運氣好，今天沒有風。你要注意，永遠要提防風！」

美國總統林肯曾說：「如果我們能夠了解我們的處境與趨向，那麼，我們就能更好地判斷我們應該做什麼，以及怎樣去做。」

想要把周遭的壞人變貴人，就必須徹底分析當前的處境，明瞭自己和對手的優勢與劣勢，並且留意「風向」，然後才能設定往哪個方向突破，以最有效率的方式獲得成功。

雖然成功有時候也會受到運氣的影響，但是運氣不可能平白無故地從天上掉下來，而是在累積一定的實力之後，才會降臨在努力的人身上。

如果沒有努力過，只妄想著依靠運氣就能成功，那麼就算僥倖成功了，這種成功往往也只是曇花一現，難以長久維持的。殊不見，在各式各樣的領域，不就充斥著這類猶如流星一般的所謂「成功人士」？

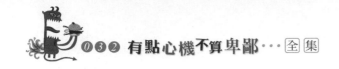

接受約束，是為了得到更多幫助

 要懂得把束縛你的「壞人」當作貴人。下次想抱怨時，別忘了你是在什麼情況下抱怨你的束縛。

　　每個人都想過隨心所欲的生活，可惜現實中「壞人」太多，存在著太多束縛，無法讓人任意而為。

　　很多人會因此抱怨，但是仔細想想，如果沒有這些「壞人」束縛的話，那麼生活也許就失去了協助，不容易順利成長茁壯。

　　有一棵剛種下的小樹被綁在木樁上，感到很不自在，便對木樁抱怨說：「你為什麼要這樣約束我，剝奪我的自由？」

　　木樁回答小樹：「你才剛被種下，根都還沒有紮穩，我的存在是為了幫助你紮根，並且增加抵禦強風的能力，更能讓你不至於倒下！」

　　小樹完全聽不進木樁的話，心裡想：「我才不相信你這些鬼話！就算沒有你，我還是能紮穩根，根本不需要你的幫助！」

　　於是，小樹藉著風力，天天用力地摩擦木樁，終於把綁著它的繩索弄斷了。小樹非常高興能夠重獲自由，因為它總算能隨風搖擺自己的軀幹，再也沒有東西能夠束縛它了。

　　誰知，當天晚上，忽然來了一陣狂風暴雨，小樹因為沒有一個有力的支撐，很輕易地就被連根拔了起來。

等到第二天早上，毫髮無傷的木樁對著倒在地上的小樹說：「獲得自由的感覺，你現在應該知道了吧！」

小樹後悔地說道：「我現在才明白我需要約束，可惜已經太遲了！」

人常常用自己的角度衡量事物，因此犯下許多原本可以避免的錯誤。法國思想家拉羅什富科提醒我們：「各種人和事都有自己的觀察點，有的需要抵近去看，做出正確的判斷，有的則只有從遠處看，才能判斷得最好。」

生活週遭，那些約束你、限制你，讓你憎惡的人，很多時候並不一定就是壞人，而是協助你成長的貴人。

如果每個人都能隨心所欲，那麼結果必定會造成一團混亂。

畢竟，在一個群體中，你想要的不一定是別人想要的，而當兩者的慾望產生衝突時，要不造成混亂也難。

所以，要懂得把束縛你的「壞人」當作貴人。下次想抱怨時，別忘了你是在什麼情況下抱怨你的束縛，讓適當的約束幫助你成長。

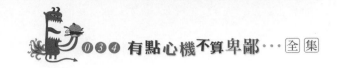
講原則，也要看場合

想要在社會上立足，就要懂得因地制宜，多磨練自己的性格，才能夠讓別人自然而然地接受你的原則。

有原則是一件好事，也是生活中不可缺少的行事準則。不過，「原則」也得看事件、看場合，要是不管任何事情都只顧著堅持原則的話，不但自己會活得很辛苦，人際關係也會大受影響。

阿文在選擇朋友上，自有自己的一套標準，最不屑與那些虛偽做作、口是心非的人交往。

有一次，他參加一個旅行團，團裡有一個人為人坦蕩、性格豪爽、說一不二，這正是阿文心目中可以結交的朋友類型。但是，幾天相處下來，大家不但不覺得和他在一起很開心，反而都覺得和他相處得很不愉快。

原因就是這位仁兄太過於坦蕩蕩了，所以什麼話都說得出口，連粗話也是一樣；跟他交談，從來沒有商量妥協的餘地，而且他說話辦事不看場合，不但十分直言不諱，還常常讓人下不了台、十分難堪。

漸漸地，人人都對他敬而遠之。

阿文剛開始還覺得很困惑，心想：我們不是一直要求別人真誠坦率嗎？為什麼大家會對他的言行舉止感到反感呢？

　　後來，阿文終於明白了，真誠坦率是指一個人內在的本質，而不是行為上的「真誠坦率」。

　　從此之後，阿文對朋友的選擇標準也就慢慢改變，不再那麼嚴苛了。

　　人生最大的困擾，就是為了工作需要或社交活動，我們經常得和別人打交道，言行太過「真誠坦率」，很容易得罪對方；但為了把對方變成自己的貴人而言不由衷，甚至口是心非，事後又感覺自己太虛偽。

　　想解決這種兩難，你就必須讓自己多一點彈性。

　　生活中處處需要彈性，這樣才不會讓自己感到疲乏。

　　太堅持原則的人，只會讓自己到處碰壁，覺得生活當中到處都是「壞人」。所以，想要在社會上立足，就要懂得因地制宜，多磨練自己的性格，才能讓別人自然而然地接受你的原則。

　　如此一來，你不但可以成為一個受人歡迎的人，更不會違背自己的原則，讓生活更能符合自己的要求和目標。

PART 2

感謝壞人送給你的機運

事情都已經發生了，

不如動腦想想有何解決之道，

或是如何「把壞人變貴人」，

也許這將是另一個「弄拙成巧」的奇蹟。

感謝壞人送給你的機運

事情都已經發生了，不如動腦想想有何解決之
道，或是如何「把壞人變貴人」，也許這將是
另一個「弄拙成巧」的奇蹟。

做人做事一定要具備一點心機，方能避開各種陷阱和危機，
甚至借力使力，開創自己成功的契機。

從某些名人的成功事蹟中，我們偶爾也會發現，「壞人」有
時扮演著相當重要的角色。正因為他們使壞，才陰錯陽差地製造
出一個成功人士。

因此，只要我們學會「把壞人變貴人」的訣竅，那麼在機運
降臨的時候，就能藉著「壞人」的力量贏得最後的勝利。

鴻池是日本著名的清酒製造商，不過，剛開始經商之時，只
不過是個奔波於大阪和東京間的小商人。

據說他從一個小商販，一舉成為大富豪，有著一段陰錯陽差
的故事。

有一天，鴻池來到酒坊視察工人們的工作情況，沒想到卻讓
他發現有個工人正在偷喝米酒，於是他走上前去，狠狠地責罵了
這個工人一頓，還扣了他半個月的工錢。

但是，這個工人一點也不認為自己有錯，還辯稱他是要試嚐
新釀米酒的滋味，老闆根本就沒有理由罰扣他的工錢。

鴻池看著這個工人的態度和反應，心想：「這傢伙這麼不老實，不宜留在這裡幫忙。」於是，毫不客氣地叫他收拾東西離開酒坊。

沒想到工人遭到解僱，心中十分惱怒，臨走前決定要進行報復。於是，他抓了一把火爐的灰燼，偷偷撒進米酒桶中，然後便開心而迅速地離開酒坊。

當時，日本生產的米酒有點混濁，工人心想，撒進了火爐灰燼，米酒會更加混濁，肯定賣不出去了。

但是，事情卻不像傻瓜想的那樣，隔天鴻池來到放置米酒桶的工作坊查看，卻發現一件從來沒有見過的事。原來，火爐灰燼沉到了酒桶底，而在沉澱物上的酒層，卻變得非常澄清透明。

他知道這一定是離職工人幹的好事，不過當他專注地看著桶裡的清酒時，對於工人蓄意報復的惱怒，忽然全拋到九霄雲外。因為，他在轉念間想到，如果能把混濁的米酒變成透明的清酒，一定會非常暢銷。

於是，鴻池立即把爐灰澄清酒品的新發現，拿來做清酒的研究和實驗。經過多次改進和試驗，終於讓他發明了一種高效實用的濁酒清化法。

他將這個新酒品命名為「日本清酒」，還推出這了這麼一個廣告：「喝杯清酒，交個朋友。」

清酒上市後，消費者的眼睛為之一亮，各家賓館、飯店紛紛大量訂購，大家更把這個「日本清酒」視為宴客時必備的酒品。

活在這個全球景氣低迷、痛苦指數居高不下的時代，許多人因為外在環境不斷惡化而過得更差，但是，也有人踩著「壞人」的肩膀不斷創新，而在不景氣中逆勢上揚。

這個不甘心遭到開除的工人肯定沒有想到，這個報復動作，反而幫了鴻池一個大忙，讓他研發出製造清酒的方法。

當然，如果鴻池只顧著發怒，沒有仔細觀察酒裡的情況，或是沒有想出清酒的賣點，那麼他就無緣「把壞人變貴人」，仍然會與發財的機遇擦肩而過。

這個故事無疑告訴我們，應該睜大眼睛看世界，活化自己的思考能力，不要老是為了一些芝麻小事動氣。

事情都已經發生了，不如動腦想想有何解決之道，或是如何「把壞人變貴人」，因為也許這將是另一個「弄拙成巧」的奇蹟。

不要害怕當傻瓜

一個聰明人如果有當傻瓜的勇氣，那麼他更能堅持自己的理想，並且積極地完成目標。

　　現實生活中，沒有人願意被別人當成傻瓜！

　　可是，那些最後獲得肯定、得到成功的人，在一開始，往往也是許多「聰明人」眼中愚蠢的傻瓜。

　　詹姆森‧哈代是一個喜歡冒險的人，他周圍的朋友和同事都認為他是一個滿腦子怪念頭的「傻瓜」。當他發現電影發明的原理之後，便從電影膠卷的轉盤中產生了靈感：他讓膠卷上的畫面一次只向前移動一格，以便老師能夠有充足的時間詳細闡述畫面裡的內容。

　　這個想法讓哈代受到不少嘲笑，但是他沒有因此退縮，經過不斷地反覆實驗，終於成功地實現了讓畫面與聲音同步進行，創造了「視聽訓練法」。

　　除此以外，哈代曾經兩度入選美國奧運會游泳代表隊，也曾經連續三屆獲得「密西西比河十英哩馬拉松賽」的冠軍。

　　哈代在游泳的時候，覺得大家在比賽時使用的游泳姿勢不好，決心加以改變。

　　但是，當他把想法告訴游泳冠軍約翰‧魏斯姆勒時，約翰認

為他的想法太過荒唐，於是立刻加以拒絕；另一位游泳冠軍杜克·卡漢拉莫庫也要他不要冒險嘗試，以免不小心在水裡淹死。

　　當然，哈代還是沒有理會他們的告誡，仍然不斷地挑戰傳統游泳的姿勢，最後終於發明了自由式，並且成為現在國際游泳比賽的標準姿勢之一。

　　活在這個「靠銀行，銀行會倒；靠政府，政府會跳票」的年代，想要出人頭地，你就不能害怕「壞人」的嘲笑，而且還必須具備一些做人做事應有的智慧和心機，鍥而不捨地為自己創造成功的機會。

　　不論你設定什麼目標，都得審時度勢，然後運用腦力幫自己達成目的。

　　歷史上有許多著名的成功人物，都是因為不怕被別人當成傻瓜，所以才能成就一番事業的。

　　總是被別人看成聰明人當然很好，可是一個聰明人如果有當傻瓜的勇氣，那麼他更能堅持自己的理想，並且積極地完成目標。

用別人的錯誤當作成功的基石

要想成功，除了埋頭苦幹以外，也別忘了抬起頭來看看四周，讓那些「壞人」的錯誤，成為你成功的基石。

想從芸芸眾生中脫穎而出，比別人早一步成功，你必須同時具備做人與做事應有的應變智慧，把別人的失敗當成自己的借鏡。

想減少錯誤的發生，不妨多看看別人的失敗經驗吧！

如果已經有一個不良示範呈現在你眼前，那麼你重蹈覆轍的機會便能減少許多。

美國成功學大師安東尼‧羅賓在接受媒體訪問時，曾經提到為什麼他能嚴厲拒絕煙酒和毒品的原因。

安東尼‧羅賓說，並不是因為他夠聰明，而是他比較幸運罷了。他之所以不喝酒，是因為在他還是個孩子時，曾看到家中有人因為喝醉而吐得一塌糊塗，那種痛苦的模樣留給他極深刻的印象，從此讓他知道喝酒實在不是一件好事。

除此之外，他有一位好友的母親，大約有兩百公斤重，每當她喝醉時就會緊緊地抱著他，他的臉上和身上都會沾滿她的口水。

這些經歷讓他對酒深惡痛絕，一直到現在，只要聞到別人嘴裡所呼出的酒氣，他還是會覺得很不舒服。

也由於類似的經驗，使他沒有染上吸毒的壞習慣。在他就讀

小學三年級時，有一次警察到學校來，放映一部有關吸毒的影片。片中人物在吸毒後神志不清，於是瘋狂跳樓，死狀十分恐怖。

一直到現在，那部影片他依然記得一清二楚，於是他就把吸毒、變態及死亡聯想在一起，這使他日後連嘗試的念頭都不敢有。

所以，並不是他聰明才知道這些壞習慣的可怕，而是有幸在很小的時候就有人告訴他，染上這些壞習慣的可怕後果。

電光石火般的人生太過短暫了，而我們想達成的願望卻是那麼多，因此必須把別人當成借鏡。成功者之所以能夠成功，關鍵就在於競爭過程中，懂得借用別人的經驗和教訓，然後設法為自己製造最有利的條件。

如果已經有人把犯錯的後果呈現出來，但是你仍然想嘗試的話，那麼你注定不會成為一個有所作為的人。

因為，你不但不肯花時間做其他有意義的事情，反而寧願花時間繼續犯錯，長久下來，你又有多少時間可以反省和悔改呢？

要想成功，除了埋頭苦幹以外，也別忘了抬起頭來看看四周，讓那些「壞人」的錯誤，成為你成功的基石。

聽懂言外之意才能搶得先機

 聽懂弦外之音也是人際溝通中的一環，不僅有助於人際關係的建立，更能讓我們比別人早一步搶得先機。

我們都熟悉「意在言外」的技巧，卻經常忽略了別人運用的可能；我們在與人溝通時，經常忽略了人們將本意放在話中話的用意，卻錯將體貼迂迴的溝通視為敵意，進而造成日後溝通的瓶頸。

會聽話比會說話來得重要，聽人說話卻抓不到重點，或誤解別人所要表達的原意，不僅會讓我們的人際溝通屢出狀況，更會阻礙成功的步伐。

有個老猶太人為了完成兒子的夢想，便支持兒子遠離家鄉到耶路撒冷求學，但很不幸的是，就在兒子離開故鄉不久，這位體貼的老爸爸突然身染重病，就快不行了。

清楚自己病情的老爸爸，自知無法見兒子最後一面，立即寫了一份遺囑，上面則清楚寫著：「家中財產全都給奴隸阿德，至於我的孩子，就讓他從這些財產中選擇一件，切記，只能要求一件。」

猶太父親死後，奴隸阿德非常開心，因為老主人臨死前，竟然讓他擁有這麼多的財富，而他也為了能儘快將事情解決，好好

地享受，於是連夜趕往耶路撒冷，向死者的兒子報喪，並遞交這份遺囑讓他知道情況。

男孩仔細看完了遺囑後，十分震驚，實在不敢相信，那麼疼愛他的父親怎麼會這樣處理家產。面對父喪與對遺囑的失望，一時間竟失去了方向：「我什麼都沒了，未來該怎麼辦？」

心中充滿矛盾與痛苦的他，便來到老師家中，向導師吐露心中的煩悶。

然而，當老師聽完他的情況後，卻對他說：「嗯，從遺書上來看，你父親的確很賢明，而且十分疼愛你。」

但這個孩子卻忿忿不平地說：「是嗎？一個把財產全送給奴隸的人，對兒子怎麼會有關愛之情呢？」

老師搖了搖頭，說：「孩子，你應該再想一想，只要你能明白你父親的心意，那麼你將會發現，他可是留下了一筆可觀的財產給你啊！」

男孩仔細地聽著老師的開導，卻仍然一臉茫然，於是老師只得明白解說：「你想想看，當你父親知道自己活不久時，必然擔心在他死後奴隸可能會帶著財產逃走，甚至連喪事也不通知你。因此，他只得在遺囑上明白寫著要將財產送給他。如此一來，他不僅會好好地保管這些財產，而且會儘快將這件不幸的消息通知你。」

男孩不解地問：「那又怎麼樣？」

老師搖了搖頭說：「動動腦啊！奴隸不是你家財產的一部份嗎？你父親不是說，你可以要求索取其中一件財產嗎？如果你選擇奴隸，財產不是又回到你手中了嗎？這不正是充滿智慧的父親對你細心呵護的表現？」

聰明的父親將兒子的權利藏在遺囑中，若不是老師冷靜分析，男孩恐怕無法發現其中的「弦外之音」。

一個巧思保護兒子，正是一個猶太父親人生睿智的累積。對照兒子聽聞時的誤解與不滿，我們也看見了自己處事的盲點，我們經常只關照自己的一時情緒，卻忘了考量對方之所以如此處置的理由。一旦別人的表現未如預期，便直斥其中的不是，總是忘了替對方想想，其中或者另有隱情。

想學習弦外之音的隱藏計巧，不如學會分辨人們話語中的真正意思，就像故事中的男孩，若不是老師提醒，恐怕要失去父親留給他的一切財富。

聽懂弦外之音也是人際溝通中的一環，不僅有助於人際關係的建立，更重要的是，因為能聽懂別人的話語，並讀出對方話裡的言外之意，能讓我們比別人早一步搶得先機。

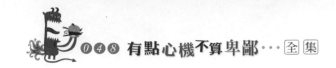
越沒有漏洞，越容易成功

不是完全專注於一件事物上就能獲得成功，因為每個人的思考或視線都一定會有盲點或死角。

做人做事多一點心眼，才會多一點勝算。

有點心機並不算卑鄙，關鍵在於，你是用心機來保護自己，為自己創造機運，還是將心機用來陷害別人。

如果你懂得善用心機來提防生活中可能出現的漏洞，就越容易獲得自己可望的成功。

不論一張網子怎麼編織，始終都有漏洞，只是洞的大小不同罷了。就像生活中，不論我們怎麼小心謹慎，總難免會有看走眼的時候，也難免被壞人矇騙。只是不管事情後續怎麼演變，都要記取教訓，都要積極負起補救的責任。

有個形跡可疑的人開著車來到邊境，哨兵見狀立即迎上前去，其中一名哨兵在檢查行李箱時，發現有六個接縫處鼓得緊繃繃的大袋子。

哨兵立即斥聲問道：「裡面裝了什麼東西？」

「泥土。」司機答道。

「把袋子拿下來，我要檢查。」哨兵大聲命令著。

這個人便乖乖地將袋子全搬了出來，果真袋子裡面除了泥土

之外，就沒有發現其他可疑的東西了。

雖然哨兵心中存疑，但是在找不到證據的情況下，只好讓他通行。

一個星期後，這個人又開著另一輛車來到了邊界，同一名哨兵再次上車仔細檢查他的行李箱。

「這次袋子裡面裝了什麼啊？」哨兵問道。

「土，又運了一些土。」那人回答。

哨兵仍舊不相信，再次要求對那些袋子進行檢查，結果仍然一無所獲。

相同的事情幾乎每週都要重演一次，一直持續了六個月後，哨兵實在被煩擾得灰心喪氣，最後竟辭職了。

後來，有一天深夜，這個離職的哨兵湊巧在酒吧裡遇見了那個運送泥土的人，只見他渾身酒氣的模樣走了進來。

哨兵忍不住上前問他：「老兄，你能不能幫我解決一道難題？今晚你喝的酒全部由我請客，只要你告訴我，那段時間內你到底在運送什麼東西？」

那個人轉身過來，接著便湊近哨兵的耳朵邊，笑嘻嘻地說道：「汽車！」

你是否曾經懊悔地說：「啊！我怎麼沒發現！」或曾驚呼：「咦？怎麼會發生這麼大的漏洞？」

每個人在處事時難免會有一些遺漏，因為很多人無法以正確的網，網住自己準備捕捉的目標物，就像故事中的哨兵，明明已經對準了其中的問題目標，卻還是讓走私客從他破漏的網眼中一再逃脫。

之所以會發生如此情況，關鍵是因為頭腦簡單的哨兵始終都

盯著車廂上的土堆，視線只網住了車廂上的物件，卻把其他相關的可疑事物，包含車子本身全部遺漏了。

這個走私的壞人無疑替哨兵上了一課，我們也從中獲得了一個另類省思，不是完全專注於一件事物上就能獲得成功。

因為，每個人的思考或視線都一定會有盲點或死角，如果不想讓這些盲點成為我們網羅成功的大缺口，除了緊捉住目標物不放外，還要懂得運用眼角的餘光去搜羅其他有助於我們成功達成目標的助力。

每張網都一定會有漏洞，我們要依據目標身邊的雜質大小，聰明地選擇洞的大小，如此一來，我們才能把那些無用的雜物一一篩除，讓最終的目標物更加明確清晰。

從抄襲中尋找成功的機會

 只有從抄襲之中找出新的方向和點子，成功的機會才會源源不斷地出現在你身邊。

　　華爾街有句流行警語這麼說：「人總是不停地淘汰過時的機器，卻忘了淘汰過時的腦袋。」

　　現代社會進步快速，競爭的激烈程度也與日俱增，在這個講求速度和能力的時代裡，不思變通只會增加自己被淘汰的機率。

　　三個經濟學家和三個數學家一起坐火車旅行，數學家乖乖地買了三張票，但這三位經濟學家卻只買了一張票。

　　數學家不禁納悶地問經濟學家：「三個人怎麼可以只買一張車票？這樣會被罰款的！」

　　這三位經濟學家只是笑笑，並沒有回答。

　　等到查票員準備進車廂查票時，三個經濟學家便一起躲進洗手間，當查票員敲門時，經濟學家沒有開門，只是從門縫裡將車票遞出來。

　　查票員看了看車票之後，就繼續到別的車廂查票去了。

　　數學家們一看，覺得這真是個好辦法，回程時也如法炮製，只買了一張票。但是這一次，三個經濟學家卻連一張票也沒有買。

　　「你們這次怎麼一張票都不買？」數學家們百思不解地問，

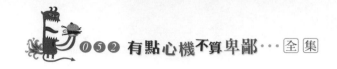

經濟學家們仍然只是笑而不答。

當查票員準備查票時，三位數學家依樣畫葫蘆地馬上躲進洗手間。

經濟學家們看到數學家都躲進洗手間後，隨即敲了敲門，然後將數學家們遞出來的車票拿走。

活在這個高度競爭的年代，做人做事一定要有一些創意。

想在險惡的人性叢林中求生存，聰明的人考慮問題、制定謀略的時候，一定要兼顧利與害。既要充分考慮到有利的方面，同時也要考慮到不利的一面，保持清醒的頭腦，才不會衍生不必要的後遺症。

一個好的方法，第一次使用時是創意，接下來使用的人就是抄襲了。

雖然社會上的抄襲遠多於創意，不過抄襲也是需要用心的，必須靈活變通，如果只是一成不變地模仿別人的創意，那麼便很容易產生跟故事裡的數學家一樣的情形。

只有從抄襲之中找出新的方向和點子，才不會被「壞人」唬弄，成功的機會才會源源不斷地出現在你身邊。

自我節制，是邁向成功的第一步

> 如果你想成功，就必須懂得控制自己、懂得抗拒誘惑，那麼你才能循著自己的目標，獲得理想的成果。

人是最喜歡考驗別人的動物，現實生活中這種「壞人」很多，如果你想通過考驗，把他們變成有用的貴人，那麼首先就得學會「自我節制」。

「節制」兩個字說來容易，做起來卻很難，有時候，就算已經提醒自己要節制，但我們還是會不由自主地被外在環境誘惑和影響。

有一個商人，在商店的櫥窗上貼了一張徵人廣告：「誠徵一個能自我克制的年輕人，薪水每星期六十美元。」

這個特別的徵人廣告在小鎮裡引起了討論，也引來了眾多躍躍欲試的求職者，但是每個來求職的人都要經過一個特別的考試。

商人要求求職者必須在他的辦公室裡，毫不間斷地朗讀一段文章。可是，在朗讀開始的時候，商人會放出六隻小狗，小狗們在求職者的腳邊玩鬧，每個求職者都會忍不住地看看這些可愛的小狗，視線一轉移，朗讀就會停止，當然求職者也就失去了機會。

商人前前後後面試了七十個人，卻沒有一個人達到標準。最後，終於出現了能一口氣讀完的求職者。

　　商人很高興地對這位求職者說：「我想你應該知道有小狗存在。」

　　求職者點點頭，並且微微一笑。

　　「那麼，爲什麼你不看牠們？」

　　求職者回答：「因爲我說過，我會毫不停頓地讀完這一段。」

　　商人讚賞地點點頭說：「你錄取了。我相信，你以後一定會成功的。」

　　商人說得沒錯，這個年輕人日後果然成爲了著名連鎖企業的經營者。

　　在這個人人都想出頭的年代，人往往會處心積慮地塑造自己，試圖以完美的形象與表現出現在公眾面前，讓人無法立即透視。但是，不管再怎麼會製造假象，有些喜歡考驗別人的「壞人」就是能透過各種方法了解真相。

　　因此，不論是求職，還是有求於人，你都必須時時自我節制，才不會在面對考驗之時被人看破手腳。

　　我們經常可以看到打架鬧事、酒醉駕車等醜態百出的新聞，這些都是因爲不懂得節制才會造成的後果。

　　一個知道節制的人不會做出越矩的事，更不會因爲一時的誘惑而破壞原本的計劃，所以，如果你想成功，就必須懂得控制自己、懂得抗拒誘惑，那麼你才能循著自己的目標，獲得理想的成果。

適時切斷自己的慾望

 只有聰明的人，才懂得在適當的時候切斷自己的慾望，而且只有適時地切斷自己的慾望，你才能達成更多的願望。

每個人都會有慾望，不論是名還是利，總是希望越多越好。

雖然慾望是讓人奮發向上、勇往直前的動力，但是，慾望要是太超過了，就會變成貪婪。如果什麼都想要，貪得無厭的結果，反而會讓自己落得什麼都沒有的下場。

有一個神仙下凡閒遊的時候，正好遇見一個凡人在趕路，於是便與這個凡人結伴同行。凡人走到一半時突然覺得口渴，見這位同伴的腰間掛著一個葫蘆，於是便開口問道：「你的葫蘆裡面有沒有裝水？」

神仙慷慨地解下腰間的葫蘆，遞給凡人說：「這裡有滿滿一葫蘆的水，你要喝就儘管喝吧！」

凡人喝了葫蘆裡的水之後，不但止了渴，還覺得精神百倍，趕路的疲勞似乎都消除了。又走了一會兒，凡人突然異想天開地看著葫蘆說：「要是你的葫蘆裡裝的是酒，不知該有多好！」

神仙笑了笑，又把葫蘆遞給了凡人，說道：「裡面是滿滿一葫蘆的酒！你想喝就喝吧！」凡人半信半疑地接過葫蘆，一喝之下，發現裡面的水竟然都變成了酒，而且香醇無比。

　　凡人非常驚訝，心裡暗自想道，自己一定是遇上神仙了，不然怎麼可能要什麼有什麼呢？凡人發覺了這一點，很高興地對神仙說：「你的葫蘆裡要是裝著可以長生不老的仙丹，該有多好！」

　　神仙聽了凡人的話，便笑著打開葫蘆的塞子。凡人以為神仙要把仙丹倒進自己的口中，便張開嘴等著接，沒想到神仙什麼也沒有倒出來，只是搖了搖葫蘆，就這麼消失蹤影了。

　　俄國文學家克雷洛夫曾經在預言故事中說：「貪心的人想把什麼都弄到手，最後結果卻是什麼都失掉了。」

　　只有聰明的人，才懂得在適當的時候切斷自己的慾望。

　　當然，所謂的切斷，並不表示你必須就此放棄，而是要你換個恰當的方法來達到目的。

　　就像故事中的凡人，如果不是那麼急躁地要得到長生不死的仙丹，神仙也不會覺得他貪得無饜，這麼快地消失。

　　做事時也是如此，循序漸進一定比毛毛躁躁來得穩當，只有適時切斷自己的慾望，你才能達成更多的願望。

別讓「優勢」成為鬆懈的藉口

 如果優勢不能成為助力，反而會成為阻力的話，那麼這項優勢也失去了意義，只是一個虛有其表的裝飾品罷了。

要得到競爭的優勢，對現代社會來說，並不是非常困難的事，尤其科技的發達，讓訊息和資源的取得都變得比以往要容易。

但是，即使擁有了優勢，也不保證接下來就會一切順利。有時候，優勢反而會讓自己開始疏忽、大意，變成絆腳石。

有三個旅客同時住進了一家旅店。早上三個人要出門的時候，第一個旅客帶了一把傘，第二個旅客拿了一根拐杖，第三個旅客則什麼也沒有帶。

回來的時候，第一個帶著傘的旅客居然全身都溼透了，第二個拿著枴杖的旅客則摔得滿身是傷，而第三個什麼都沒帶的旅客，卻平安無事地回來了。

旅店老闆覺得很奇怪，便問第一個旅客說：「請問你為什麼全身溼透了呢？你不是有帶傘嗎？」

第一個旅客回答說：「因為我拿了傘，所以下雨時，我毫不在乎地快步向前走，沒想到卻被地上的積水弄得全身都濕透了。」

老闆接著問第二個拿枴杖的旅客說：「你為什麼摔得全身是傷呢？」

　　第二個旅人回答道：「因為我拿了枴杖，所以在泥濘的路上我就拄著拐杖快步走，卻因為地上太滑，枴杖撐不住而摔跤。」

　　第三個旅人聽完前面兩人的話，不等老闆開口便說道：「我之所以平安無事，是因為雨來的時候，我就去躲雨；路不好走時，我就小心地慢慢走。」

　　日本心理學作家邑井操，在《決斷力》一書中寫道：「一個成功者之所以與一般人不同，就在於他能夠在勝負未分之前，對自己的應變能力充滿信心，然後去謀取獲得勝利的條件。」

　　至於失敗者之所以失敗，往往就是引用錯誤的情報錯估形勢，或者昧於知人，喜孜孜地把別人包藏禍心的建議，當成對自己有利的忠言，事前既不查證，事後又對自己的失敗感到莫名其妙。

　　如果你的優勢反而讓你鬆懈的話，那麼這種優勢還不如不要！

　　優勢只是幫助你節省時間的工具而已，它需要運用，功能才會出現；如果這項優勢非但不能成為你的助力，反而會成為你的阻力的話，那麼它就失去了原有的意義，只是一個虛有其表的裝飾品罷了。

換個角度，就會更加突出

 樂觀的人，可以在每個憂患中看到機會；但悲觀的人，卻只能在每個機會中只看到憂患。

很多人因為了找不到商機而唉聲歎氣，卻不嘗試換個角度觀察市場，洞悉消費者的需求，當然找不到成功的契機。

市場不僅是由消費者組成的，還包括了這些消費者的需求。有需要，才會購買，所以只要掌握了消費者需求，就一定有辦法創造商機。

有一位老人對他的兩個兒子說：「你們的年紀也不小了，也該到外面去見見世面了，等你們磨練夠了之後，再回來見我吧！」

於是，兩個兒子遵從父親的囑咐，離開家鄉到城市裡開開眼界。沒想到才過了幾天，大兒子就回家了。

老人看到大兒子回來，有些驚訝地問他說：「怎麼回事？你怎麼這麼快就回來了呢？」

大兒子很沮喪地回答：「爸爸，你不知道，城市的物價實在高得太可怕了！連喝水都必須花錢買，在那裡怎麼生活得下去呢？很多人賺的錢都還沒有花的多呢！」

過了幾天，二兒子打了一通電話回來，興奮地對父親說：「爸爸，城市裡到處都是賺錢的好機會！連我們平常喝的水都可以賣

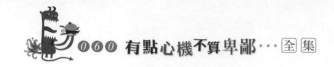

錢！我決定留在這裡好好地開創一番事業。」

　　過了幾年，因為二兒子看準了城市中飲用水的商機，並且掌握了大部分礦泉水和蒸餾水的行銷管道和市場，所以很快地佔領了水的市場，成為數一數二的富豪。

　　經過金融海嘯衝擊，我們面臨的競爭環境比以前任何時代都要激烈萬分。如果你不設法讓自己更積極一點，更樂觀一點，就無法找到新的切入點，就只能在不景氣的洪流中載浮載沉。

　　任何地方都會有市場存在，只是你能不能看到這個市場的潛在需求到底在哪裡。

　　有句俗話說：「樂觀的人，可以在每個憂患中看到機會；但悲觀的人，卻只能在每個機會中只看到憂患。」

　　商機是無所不在的，只要換個角度、換個心態，你就能看到別人所看不見的商機，掌握需求，你就可以異軍突起。

PART 3

讓「偽善」發揮最強的力量

千萬別忽略「偽善」的力量，

只要運用得宜，

它不只能幫助你抬高身價，

還能讓你獲得更多的喝采。

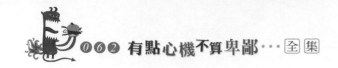

讓「偽善」發揮最強的力量

 千萬別忽略「偽善」的力量，只要運用得宜，它不只能幫助你抬高身價，還能讓你獲得更多的喝采。

美國作家愛默生曾說：「成功者並非比失敗者有腦筋，只不過他們比失敗者多了一點心機。」

想要比別人更快出人頭地，很多時候必須運用一些必要的手段；只要不是心存惡念，有點心機，其實稱不上卑鄙。

很多人會認為「偽善」是一種壞習慣，但是別忘了，生活中到處充斥的高尚行為，有時候也是一種偽善。

所以，只要運用得宜，適時的「偽善」也可以成為一種武器。

二○○○年時，在曼徹斯特舉行的英格蘭超級足球聯賽中，有一場比賽是埃弗頓隊對上西漢姆聯隊，比賽的過程十分激烈，在最後一分鐘時，場上的比數仍然處於一比一平手的情況。

但是，在這個緊要關頭時，埃弗頓隊的守門員傑拉德因為不小心在撲球時扭傷了膝蓋，瞬間倒地不起，於是，球就這樣落在潛伏在禁區的西漢姆聯隊球員迪卡尼奧的腳下。

球場上沸騰的氣氛頓時安靜了下來，迪卡尼奧這時離球門只有十二碼，在這樣近的距離下，不需要任何高超的技術，只要施一點小力，就可以從容地把球踢進沒有守門員的球門裡，而西漢

姆聯隊也就能以二比一的比數獲得勝利了！

反觀埃弗頓隊，在這場比賽之前，已經連續敗了兩場，只要這個球一進，就落入了「三連敗」的命運。

現場數萬球迷都等著看迪卡尼奧會怎麼做。

在眾目睽睽之下，迪卡尼奧並沒有踢出「致勝的一腳」，反而彎下腰來，把球穩穩地抱在懷中。

這個舉動讓全場因太過驚訝而出現了片刻沉寂，接著全場爆出了如雷的掌聲，讚美迪卡尼奧這個不願意乘人之危的高尚行為。

深諳人性心理的人，總是能夠審時度勢，抓住週遭的人或事發動攻勢，不用大費周章就輕而易舉地為自己贏得掌聲。

這一球不需要什麼高難度的技巧，即使迪卡尼奧踢進了這一球，也不見得能提昇自己多少名氣，所以他選擇不踢，逆向操作的結果，反而讓自己聲名大噪。

有時候，適時的「偽善」行為，的確能讓人贏得更高的評價。千萬別忽略「偽善」的力量，只要運用得宜，它不只能幫助你抬高身價，還能讓你獲得更多的喝采。

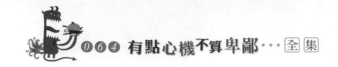

待人接物要懂得靈活變通

雖然我們每天要面對的事情很多，但總離不開待人接物，只要能學會圓融的處世態度與方法，再麻煩的人和事都一定能輕鬆解決。

想圓融處世，獲得最後的成功並不難，難的是你不願打開心扉與那些你認定是「壞人」的人溝通。

所以，達賴喇嘛曾說：「人與人之間的重重藩籬，問題不在別人而是自己，因為這個藩籬是我們自己建的！」

曉亞在朋友的介紹下，來到一間皮鞋店工作，只是上班的第一天，她便碰上了一個非常挑剔的客人。

這位穿著十分摩登的女孩，皮鞋穿過了一雙又一雙，卻始終都不滿意，而耐心的曉亞則一直都帶著親切的笑容，未露一點慍色。

這會兒她拿來了一雙十分新潮的皮鞋，女孩穿上鞋子時，曉亞立即誇讚說：「小姐，這款式很適合妳喔！妳看，穿在妳的腳上多麼漂亮啊！」

女孩側著身，仔細地看著鏡裡的自己，接著滿意地說：「好，這雙鞋我買了，多少錢？」

「三百八十元。」曉亞親切地說。

女孩面孔依然冷冷的，然而就在她打開錢包時，眉心突然一

皺：「糟了，我的錢不夠耶！我這裡只有二百五十元，這樣吧！我先付二百五十元，明天再把其他的拿來給妳，好嗎？」

曉亞一聽，連忙點頭說：「好！」接著，她拿出了單據，上面寫下了：「鞋一雙，已付二百五十元，尚欠一百三十元整。」

「麻煩您簽名一下！」曉亞將收據拿給了女孩簽名。

女孩先是一愣，接著則爽快地簽下了「施娜」二個字。

曉亞接著便將已包裝好的鞋子拿給女孩，這一切正巧被老闆看見了。

他關心地走過來問曉亞：「那個人是妳朋友嗎？」

曉亞搖了搖頭：「不是，我不認識她。」

老闆一聽，臉上立即滿佈怒火：「那妳怎麼可以讓她賒帳呢？妳確定她還會來付錢嗎？」

沒想到曉亞竟笑著說：「會！因為，那盒子裡裝的都左腳，所以她明天一定會回來換鞋！」

老闆聽見曉亞的妙計，忍不住豎起了大拇指：「聰明！」

不論是IQ或是EQ，曉亞都表現得十分精采，面對顧客的挑剔，仍能耐心接受並微笑以對的服務態度，當然能擄獲消費者的心。

雖然最後被別有居心的顧客擺了一道，但機智的曉亞仍然牢牢地將主控權抓在手中，反將了客人一軍。

在待人處事上，我們是否也能像曉亞一般，不論遇見什麼樣的狀況，皆能把握主導權，並能圓融且輕鬆地解決每一件事呢？

人與人之間的關聯與糾結，不管問題多麼簡單，我們都經常深陷在人事的困擾中，也讓原本簡單的事件變得越來越複雜。

千萬別輕忽了待人接物的重要性。它看似簡單，事實上卻是

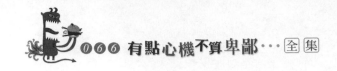

我們一生中是最困難的課題，許多人走過了大半人生，都還不一定懂得把壞人變成貴人。

　　有點心機不算卑鄙，就讓生活多轉幾個彎吧！在轉彎時，別忘了讓自己在這些個彎角透一透氣，雖然我們每天要面對的事情很多，但總離不開待人接物，只要能學會圓融的處世態度與方法，再麻煩的人和事都一定能輕鬆解決。

我們都能用自信來創造機會

 因為對自己缺乏信心，或對成功充滿疑慮，最後在猶豫與自我否定的氣氛中，促成了對手的成功機會。

出色的創意經常是成功者的致勝關鍵，然而，在這些點子的背後，其實還有一個更重要的組成要素，那正是成功者的自信。

換句話說，能讓目標成功的真正保障，不是這個創意思考有多吸引人，而是藏在創意裡，那份自信心所發出來令人激賞的光芒！

波爾格德是某位石油企業家的兒子，一九一四年中，從英國回到了美國，並接下石油開採的工作，要好好地幫助父親發展石油業。

有一年，奧克拉荷馬州有個石油井招標，由於參與投標的企業家相當多，其中不乏資本額雄厚的公司，競爭十分激烈，而波爾格德此時正巧成立一間石油公司，但一切都剛剛起步，所以資金方面並不充足。

「我恐怕不是他們的對手，要怎麼辦才好？」波爾格德苦惱地想了半天，最後總算讓他想出了一個點子。

投標當天，波爾格德借了一套相當名貴的衣服，並約了一位在當地十分著名的銀行家，陪他前往投標會場。

　　到了會場，波爾格德顯得氣度不凡，而且胸有成竹，再加上身旁那位赫赫有名的銀行家，令在場企業家們都忍不住多看了他好幾眼。

　　原本躍躍欲試的投標者，看見波爾格德的氣勢如此強盛，個個心中都不禁忐忑不安，再想到他是石油富商的兒子，又有銀行家作參謀，所有人心中竟紛紛響起了這樣一個聲音：「我恐怕標不到了！」

　　於是，令人意外的景象突然發生，企業家們竟有人開始放棄、離開，即使留下來的人也懶得競價了。

　　結果，波爾格德只以五百美元的低價，輕易地拿到了開採權，他笑著說：「沒想到竟然能唬過他們！」

　　四個月後，波爾格德得標的那個油田，開採出極優質的石油原料，讓他在這個油田上獲得龐大的利潤。

　　在巧思經營與眼光獨到的能力下，一九一七年六月，二十三歲的波爾格德就已成為擁有四十家石油公司的富翁。

　　馬基維利在《君王論》中說：「為了察覺圈套，你必須變成狐狸；為了嚇跑豺狼，你必須變成獅子。」

　　許多人在人生的旅程中遭遇失敗，並不是他們能力不足，或是真的時運不濟，而是欠缺應有的心機，被迂腐的價值觀念、行為規範和思考模式束縛。自欺欺人的結果，既看不出眼前四伏的危機，也無法適時掌握成功的契機……

　　在變動不羈的人生旅程中，我們無法預知什麼時候會被出賣、會被陷害，唯一能做的只是讓自己保有一些心機，避開各式各樣的陷阱和危險，儘快尋找到成功的契機。

　　因為看透人們心理的弱點，聰明的波爾格德只用自我包裝的

手法，便唬過了其他實力雄厚的投資者，這不代表波爾格德行事不夠光明，只是大多數人對自己太沒自信了。

在競爭激烈的現在社會中，所謂的創意點子或偽裝技巧，只不過是整件事中的一小部份。事實上，這些成功的助力與扭轉結局的關鍵力量正是故事中的其他投標者。真正幫了對手大忙的功臣，其實是他們自己。

他們因為對自己缺乏信心，或對成功充滿疑慮，最後在猶豫與自我否定的氣氛中，促成了對手的成功機會。

仔細想想，你是否發現自己也曾有過這樣的念頭：「看看人家，他一定比我優秀，我一定又要被淘汰了。」

這個念頭出現之後，你便真的被淘汰了，其中原因並不是因為對方太強，而是你在賽事還未開始之前就自願放棄了。

看清楚故事中的旨意了嗎？

在我們學會以包裝欺敵之前，別忘了，先紮實地建立起你的自信心！

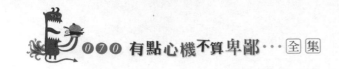

批評你的人，不一定是壞人

如果沒有勇氣面對外在的批評或打擊，那麼怎麼能夠從競爭激烈的環境中脫穎而出呢？

　　沒有人喜歡被批評，無論是私底下或是公開場合，遭到批評總是一件令人難堪的事。

　　可是，批評無疑是一個人精益求精的動力，如果你的周圍沒有一個人批評過你，這並不表示你就是個優秀的人，而是說明你根本不值得別人批評，或是沒有接受批評的雅量而已。

　　懂得把批評自己的人，當成讓自己精益求精的貴人，才能更加成功。

　　艾列克在大學主修音樂，每天練習超過八個小時，同學們都對他這種對音樂的執著感到相當佩服；由於在校的成績相當優異，畢業之後，他如願以償地申請到獎學金繼續深造。

　　過了一段時間之後，艾列克的大學同學偶然在路上遇見他，發現整個人都變了，從以往的神采飛揚，變得十分低沉消極。

　　原來，艾列克雖然申請到最好的音樂學院的獎學金，但是只讀了八個月就輟學了。

　　他之所以決定輟學，主要原因是音樂學院的環境和大學大不相同，聽他演奏的對象並不是一般人，而是擁有專業音樂素養的

精英，同時還得接受各種不同的批評。

這些批評有的很中肯，有的卻是惡意中傷。艾列克沒有辦法承受這種種的批評，開始一蹶不振。

艾列克非常沮喪，不管親朋好友怎麼勸導，都無法讓他釋懷。

後來，艾列克決定回大學去拿教育學位，改行當音樂老師，但是因為他已經對音樂失去信心，所以當了老師，同樣不熱衷於教學，慢慢地，就這樣放棄原本深愛的音樂了。

有位哲人說過一句值得我們深思的話語：「人應該為自己的理想去獻身，而不是為別人的言語去送死。」

想要達到自己的終極目標，就要有不顧一切奮力向前的積極精神，更要把批評自己的「壞人」當成激勵自己的貴人。

如此一來，你的精神狀態才會變得積極昂揚，勇於面對各種挑戰與考驗。

由於沒有接受批評的勇氣，所以許多人放棄了自己的夢想。

由此可見，要成為一名成功人物，除了立定目標之外，勇氣也是不可或缺的條件。

如果沒有勇氣面對外在的批評或打擊，又怎麼能夠改善自己的不足，從競爭激烈的環境中脫穎而出呢？

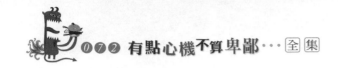

自以為是，會妨礙你的前途

每個人都有不同的優點和特質，學著看對方的優點，總比心高氣傲，為自己樹立更多敵人要來得有建設性！

　　詩人薩克雷曾經說過：「假如你不懂得如何看待身邊那些小人物，那麼，你一定不會成為智者。」

　　在人際關係中，最大的錯誤就是看不起別人。這種自以為是的心態，不但會為自己樹立敵人，也可能切斷自己的發展前途。

　　維斯卡亞公司是美國八〇年代最著名的機械製造公司，不但產品銷售全球，而且也是重型機械製造業的龍頭。這個公司是許多大學生夢寐以求的第一志願，儘管技術人員早已爆滿，沒有空缺，不過仍然有很多畢業生希望能進入這家公司工作。

　　詹姆斯就是其中之一！他和許多人一樣，在公司每年舉辦一次的徵才上遭到拒絕，不過他並沒有放棄，下定決心一定要進入這家公司工作，想出了一個很特別的辦法。

　　詹姆斯到人事部，向人事部經理提出請公司讓他來工作的要求，任何工作都無所謂，甚至連薪水都不需要。公司起初覺得這個提議很不可思議，但因為考慮到不用付薪水就有人願意做事，於是便答應了詹姆斯的要求，派他去打掃工廠。

　　就這樣過了一年，詹姆斯每天勤奮地重複這種簡單但勞累的

工作，為了生活，下班後的他還得去酒吧打工。

在公司裡，就算許多工人任意地使喚他，詹姆斯也毫不介意。他的工作態度雖然慢慢地獲得人事部經理的好感，但是仍然沒有錄用他的打算。

一九九〇年初，公司面臨了訂單被退回的危機，退回的理由都是產品品質有問題。董事會緊急召開會議，可是卻沒有人提出解決的方法，就在這個時候，詹姆斯要求參加會議，並且說自己有解決的方法。

在會議中，詹姆斯把問題出現的原因詳細地做了解釋，還就工程技術上的問題提出了自己的看法。

接著，他拿出了自己的設計圖，這個設計非常先進，不但保留了原來機械的優點，同時也克服了已經出現的弊病。

原來，詹姆斯利用清潔工可以到處走動的優點，仔細察看了公司各部門的生產情況，並且一一做了詳細地記錄；他不僅發現了問題所在，還想出了實際的解決辦法。

董事們見到這個清潔工竟然有這麼大的本事，馬上詢問他的背景以及現況，經過董事會表決之後，詹姆斯立刻被聘請為負責生產技術問題的副總經理。

看看詹姆斯的例子，千萬不要感到驚訝，在這個瞬息萬變的社會，今天的清潔工，也許明天就是你的頂頭上司。

那些你原本不放在眼裡的人一旦超越了你，就算他不跟你計較，你還是得花更多的時間才能彌補之前所犯的錯誤。

所以，與其浪費時間來彌補可能再也補不好的嫌隙，還不如平時就學習謙虛待人。每個人都有不同的優點和特質，學著看對方的優點，總比心高氣傲，為自己樹立更多敵人要來得有建設性！

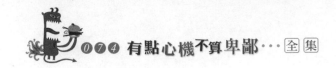

不要遭到反駁就退縮

 想要讓別人了解自己，首先就必須讓對方明白自己的想法，不要擔心別人的反駁或質疑，因為只有反駁和質疑才能讓原來想法中的瑕疵消失。

　　每個人都有自己的看法或意見，也有自己的價值判斷，但卻不是每個人都「敢」表達自己的想法或意見。

　　要是你連自己的想法都不敢說出口，那麼你如何有勇氣面對困難，如何能創造機會，進入成功的殿堂？

　　有一個學生考上了英國牛津大學的博士班，但是這個學生卻在參加口試的時候，因為教授質疑她的研究計劃，而和教授展開激烈的辯論。

　　教授大聲地說：「妳的研究計劃包含了不下十個錯誤，根本就不是一個合格的研究計劃！」

　　學生也不甘示弱地反駁教授：「這只能表示我的研究計劃不成熟，並不表示這個計劃不合格！如果您能接受我成為您的學生，我有信心，一定可以把這個計劃執行得盡善盡美。」

　　教授很生氣地說：「難道妳要我指導一個反對我理論的學生嗎？」

　　學生回答：「坦白說，教授，我就是這麼想的。」

　　口試結束後，學生心裡想：「牛津大學應該不會錄取我了。」

於是，她垂頭喪氣地坐在門外等候通知。沒想到，助教在宣佈錄取名單時，竟然出現了這個學生的名字。

名單宣佈完後，教授當著眾人的面對她說：「孩子，雖然妳罵了我兩個小時，但是最後我還是決定錄取妳。我要妳在我的指導下反對我的理論，這樣一來，如果事實證明妳是錯的，我會很高興；如果證明妳是對的，我會更高興。」

法國文豪雨果在《笑面人》裡寫道：「**打破一切成規，蔑視一切守則，敢做敢為敢破壞，這就是真正的生活。**」

真正聰明的人，總是勇於挑戰權威，不會遭到反駁就退縮。

正因為如此，他們往往能明白闡述自己的想法，將那些看似凶神惡煞的「壞人」變成生命中的貴人。

想要讓別人了解自己，首先就必須讓對方明白自己的想法。

不要擔心別人的反駁或質疑，因為只有反駁和質疑才能讓原來想法中的瑕疵消失。

而且，就算說明想法之後還是無法得到認同，至少你努力過，也證明了你不是個遇到困難就退縮的人。

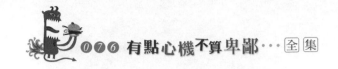

從別人的眼中發現自己的不足

 在乎別人的看法並不等於是接受別人的束縛，而是藉由別人的眼光來發現自己的不足，並且讓自己更有進步的空間。

「只要我喜歡，有什麼不可以」，這句流行一時的廣告詞，至今還有許多人津津樂道，特別是那些覺得自己很有「個性」、實際上沒有主見的人，更是將這句話奉為經典。

其實，現實生活中若是太有個性，只會讓別人覺得你幼稚而已。

有一個少年到一座農場去應徵，農場主人看到少年，便問他說：「你想在我的農場工作是不是？」

「是的，先生。」少年畢恭畢敬地回答。

農場主人接著問：「那麼，你可不可以拿出一張證明書，來證明你是個工作認真，並且值得信賴的人呢？」

少年回答說：「當然可以！我可以去找雜貨店的老闆邁格斯先生，他以前僱用過我。」

農場主人聽了，說：「那好，你去把邁格斯先生找來，讓我跟他談談。」

少年離開了農場，可是過了一整天，不但邁格斯先生沒來，連少年都沒有再回到農場。農場主人覺得很奇怪，於是第二天一

早便到鎮上找那個少年。

農場主人看到少年，便開門見山問他說：「你昨天為什麼沒有把邁格斯先生帶來農場呢？」

「很對不起，」少年跟農場主人道歉：「因為我沒有要求他到農場去。」

「為什麼？」農場主人疑惑地問。

「啊！那是因為他跟我說了有關你的事。」

作家米爾頓曾經說：「人和天使都不善於識別偽善，因為，偽善是包裝精美的罪惡，有時候，連上帝也會上它的當。」

然而，不論如何偽裝，某些不經意的評價還是會洩漏一個人的底細。

這雖然只是一個故事，卻說明了別人對自己評價的重要。即使是與自己不同地位、或是不同領域的人，也不可忽略他們的看法，因為這些看法或評價都是自己造成的。

所以，在乎別人的看法，並不等於是接受別人的束縛，反而是藉由別人的眼光來發現自己的不足，並且讓自己更有進步的空間。

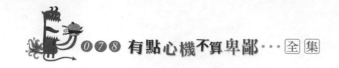

你有沒有成功的勇氣？

> 充分了解自己個性是掌握成敗的關鍵，只要能針對自己的缺點改進，那麼原本不屬於你的成功特質，也會逐漸成為你個性的一部分。

　　成功需要具備許多特質，但這些特質並不一定都是與生俱來，有些是可以靠後天培養的。

　　其中，最難培養的就是「勇氣」，因為勇氣是邁往成功的第一步，沒有了勇氣，那麼任何事情也都無法完成了。

　　莫瑞兒‧西伯特常被尊稱為「金融界的第一女士」，因為她在紐約的證券交易所裡擁有席位，並且是第一個在交易所擁有席位的女性。而她位於紐約的莫瑞兒‧西伯特公司，也是全美最成功的經紀公司之一。

　　西伯特從小就希望擁有自己的事業，從俄亥俄州到紐約來打天下，剛到紐約的時候，全身的財產只有牛仔褲裡的五百美元。

　　她在紐約的第一份工作，是在一家經紀公司當一名周薪六十五美元的實習研究員。有一天，西伯特接到一個好消息，一家她曾經寫過報告的公司來電，告訴她因為她寫的產業分析報告，使他們公司賺了一筆錢，就這樣，西伯特得到了她生平第一份公司訂單。

　　從此，西伯特的業績開始蒸蒸日上，不過她並不因此而滿足；

她一直努力想爭取一家大型經紀公司的合夥資格，卻因為女性的身分而遭到對方拒絕。

這個打擊讓西伯特明白了一件事：想要在這個男性掌權的環境中生存下去，就必須創立自己的事業。

雖然，當時她連租一個辦公室的資金都湊不出來，只能把別家公司提供的小角落充當辦公室，但她還是決心要放手一搏。

莫瑞兒‧西伯特就在這個臨時辦公室裡展開了她的事業。

結果，六個月之後，西伯特就遷出了這個簡陋的辦公室，搬進屬於她自己的辦公室。而且，經過不斷地奮鬥之後，莫瑞兒‧西伯特終於成功地建立了頗具規模的企業。

英國詩人白朗寧曾經說過：「胸懷遠大目標，無論達到與否，都會使人的生活充滿意義。」

訂定奮鬥目標之前，一定要先徹底了解自己有沒有充足的準備，並且反覆地檢討自己的優缺點，因為，未經深思熟慮，貿然的行動，只會讓自己陷入不必要的麻煩中。其中，充分了解自己的個性是掌握成敗的關鍵，只要能針對自己的缺點改進，那麼原本不屬於你的成功特質，便會在不斷地努力後，逐漸成為你個性的一部分。

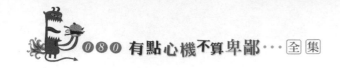

機會就在「麻煩」中

 機會往往就隱藏在層層的麻煩之中，如果你想成功，別吝嗇你的時間，只要願意堅持下去，一定能找到成功的契機！

　　每個人都不喜歡麻煩，也沒有人會自找麻煩，可是麻煩的事情中，卻往往隱藏著成功的契機。如果沒有那些愛「找麻煩」的人，世界上的成功者也許會因此減少很多。

　　費爾德是架設海底電纜的創始者，當他決定進行海底電纜這個計劃時，毫不猶豫地把自己所有的財產都拿出來，投資在開發海底電纜上。

　　為了尋求國會議員的支持，他在國會議題討論中不知道接受過多少議員的質疑和反對，但是費爾德並不灰心，最後終於獲得國會議員過半數通過支持，讓他的計劃得以執行。

　　因為舖設海底電纜是一項前所未見的工程，所以在第一次架設的時候，就因為電纜在海裡無法舖超過五公里而失敗。接下來，他仍然不斷地遭遇到許多慘痛的失敗，但是他一步一步地修正，最後，終於在一八五八年完成了世界上第一條海底電纜。

　　電纜雖然架設好了，但遺憾的是，只營運了幾個星期就停擺。可是費爾德還是不死心，仍然到處說服投資人，籌集資金準備做最後一搏。

好不容易有公司願意支援費爾德的計劃，但是舖到兩千四百英哩的地方時，電纜又斷了，一切的努力又付諸流水，損失金額超過六百萬美元。

經過十二年不停地努力，一八六六年七月二十七日那天，終於成功地完成了電纜的工程。第一個透過海底電纜傳來的消息是：「感謝上帝，電纜舖好了，運行正常。費爾德。」

一味把自己的人生希望寄託在別人身上，不僅僅是危險的行徑，同時也是可憐與可悲的懦弱表現。

遭逢困境或瓶頸之時，必須認清現實，冷靜地分析如何突破，因為，導致我們失敗的，往往不是困境本身，而是我們面對困境的心理狀態！

真正聰明的人，總是保持冷靜的心境，讓自己順利突破困境。

有時候，「自找麻煩」反而是讓自己成名的大好機會，因為大多數人都怕麻煩，所以「自找麻煩」的人反而特別容易引人注意。

機會往往就隱藏在層層的麻煩之中，如果你想成功，別吝嗇你的時間，只要你願意堅持下去，你一定能找到成功的契機！

PART 4

用信念改變命運

受到挫折時，歸咎於命運是很多人會尋找的藉口，

但是別忘了，就算挫折真的是命中注定，

你的信念和意志，仍然可以改變挫折的結果。

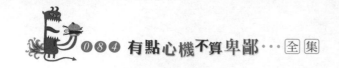
「敬業」，就是脫穎而出的利器

付出越多，就可能做得越好。只要稍微捨棄自己的個人主義，「敬業」就可以成為讓你脫穎而出的利器。

　　現代人換工作的速度跟換衣服一樣，加上個人主義作祟，對公司或工作的向心力更是日趨淡薄，不只容易質疑公司政策的正確性，更容易因為個人的情緒，而影響到工作的品質。

　　打從布隆伯格被所羅門公司錄用的那一刻起，他就認為自己是一個「所羅門」人了。

　　所羅門公司看重能力，接受異議，對所有員工一視同仁的態度，讓布隆伯格覺得在這個環境中簡直如魚得水，十分滿意。

　　在當時的華爾街，組織的重要性遠遠超過個人，如果你不是這家公司的創始成員的話，要進入這家公司可不是一件容易的事。布隆伯格很珍惜自己的工作機會，所以他總是除了老闆比利·所羅門之外，每天第一個上班的員工。因為辦公室都沒有人，所以布隆伯格的存在更讓老闆印象深刻。

　　布隆伯格二十六歲時，就成了高級合夥人的好朋友，而且除了最早上班之外，他常常也是最晚下班的。布隆伯格的勤奮使他開始在同事中嶄露頭角，機會因此也比別人多了許多。

　　布隆伯格的敬業精神從學生時代就已經表露無疑。

　　他曾經在一個小房地產公司打工，和他一起來打工的學生總是遲到早退，心思根本不在工作上。

　　布隆伯格就不一樣了！他從早上六點半就開始上班，八點之前所有打電話來詢問租房的人，都能立刻獲得滿意的答覆。而其他的人卻一直到九點半才開始工作。

　　他的工作態度不但為公司建立了良好的形象，同時也替自己帶來了不少業績獎金。

　　不要以為你的老闆和上司都是睜眼瞎子，也不要以為他們都是沒腦袋的豬頭，你在幹些什麼，他們其實一清二楚，只是不想浪費時間點破而已。

　　你一定要了解，絕大部分的領導階層，都能從工作表現傳達的訊息，迅速研判下屬們是只會打混摸魚的可憐蟲，還是值得栽培的好人才。

　　也許你不能選擇工作，但是你絕對可以選擇讓自己「敬業」或「不敬業」。

　　也許，有極少數人可以不努力就獲得成功，但這個機率幾乎是微乎其微，因為，只有付出越多，才能做得越好。

　　其實，只要稍微捨棄自己的個人主義，把目前的工作視為向上的階梯，「敬業」就可以成為讓你脫穎而出的利器。

從錯誤中迅速進步

 犯錯是為了求進步，所以你可以犯許多不同的錯，然後從不同的錯誤中學到不同的經驗和教訓。

　　每個人都有可能犯錯，犯錯其實並不可恥，讓犯錯成為可恥的方式只有一種：不斷地犯同樣的錯。

　　如果你也是這樣的話，又如何將週遭的「壞人」變成貴人呢？

　　王先生在公司裡已經是很資深的員工了，可是職位卻一直沒有提升。雖然他已經待了二十多年，對公司的一切事務也都很了解，但依然只是個基層職員而已。對於這個情形，王先生也不知道到底是為什麼。

　　這一天，眼看一個進公司還不到一年的新人被提升為主任，王先生再也忍受不了了，決定前去找老闆理論，問清楚到底為什麼一直不讓他升級。

　　王先生開門見山地對老闆說：「我在這家公司已經做了二十年，比你提拔的新人還多了二十年的經驗，為什麼你寧願升他也不要升我？」

　　老闆聽完王先生的抱怨，心平氣和地回答道：「你說錯了，其實你只有一年的經驗而已。」

　　王先生覺得很驚訝，反問老闆：「為什麼我只有一年的經

驗？」

老闆回答：「因為你沒有從自己的錯誤中學到任何教訓！你到現在都還在犯你第一年剛進公司時會犯的低級錯誤。」

文藝復興時期的大藝術家達文西說：「鐵不用就會生鏽，水不流就會發臭，人的智慧不用就會枯萎。」

確實如此，唯有懂得運用智慧的人，才可能激發高明的創意，為自己創造出無可比擬的競爭力。

別急著抱怨別人老是對你那麼壞，先想一想，你是不是跟故事中的王先生一樣，做事不用腦袋，一點都不值得期待？

同樣的錯誤，犯第一次時可以原諒，第二次可以當作是不小心，犯第三次就代表你根本不用心！

犯錯是為了求進步，所以你可以犯許多不同的錯，然後從不同的錯誤中學到不同的經驗和教訓。如此，從錯誤中反而可以學習正面的結果。

如果，你只是一直重複同樣的錯誤，不只得出的結果是負面，連自己在別人眼中的形象也會成為負面。

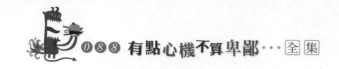

把學歷轉化成能力

文憑就跟外表一樣，雖然一開始容易吸引眾人的目光，但是沒有缺乏真材實料的內在，也只是無用的裝飾品而已。

　　現代社會中，學歷的重要性是無庸置疑的，大學畢業也已經成了最基本的標準。但是，如果沒有真才實學的話，再好的文憑和學位，也沒有辦法成為不可取代的優勢。

　　肯尼迪高中畢業後就開始找工作，偶然間發現了一則徵人廣告：某家知名的出版公司要招聘一位負責五個州內各書店、百貨公司和零售商的業務代表，薪水是一個月一千六百美元到兩千美元，另外還有工作獎金、出差費和公司配車……等等。

　　這是肯尼迪夢寐以求的工作，可惜，他在面試的時候就被拒絕了。主管很客氣地對肯尼迪解釋為什麼拒絕他的理由：第一、他的年紀太輕；第二、他沒有相關的工作經驗；第三、他只有高中畢業而已。

　　肯尼迪竭盡所能地毛遂自薦，但是主管的態度仍然十分堅決。這時，肯尼迪靈機一動，對主管說：「反正你們這個業務代表的空缺已經缺了六個月了，再缺三個月應該也不會有太大的差別。既然如此，能不能讓我先做三個月？我不要薪水和交通工具，公司只要負擔我的出差費就行了。等三個月之後，你再決定要不要

錄用我，如何？」

　　主管覺得肯尼迪的辦法很有趣，便答應了他的條件。

　　在這短短的三個月裡，肯尼迪達成許多耀眼的成績，其中包括了重組了銷售流程，創下公司有史以來的銷售紀錄；他也爭取到更多新客戶，包括一些以往一直爭取不到的客戶。

　　於是，不到三個月，肯尼迪就被錄取了。

　　在人生的各項競爭中，聰明才智才是決定勝負的關鍵。

　　因此，平常就得經常鍛鍊自己的腦力，讓才智像太陽一樣發光，如此它才可能成為你超越別人的秘密武器。

　　地球已經變平了，競爭者正虎視眈眈想搶走你的機會。想要比別人成功，光是靠認真和努力是不夠的，有時候在做人方面必須多一點心機，做事方面必須多一些努力，才能讓自己在這個充滿變數的社會中出人頭地。

　　學歷固然很重要，但是把學歷轉換成能力則更重要。如果做不到這一點，那麼擁有再顯赫的文憑，也不過代表比一般人會讀書而已。

　　文憑就跟外表一樣，雖然一開始容易吸引眾人的目光，但是沒有缺乏真材實料的內在，那麼再好看的外表，也只是無用的裝飾品而已。

努力，要讓別人看得到

想要脫穎而出，除了比別人做得更好之外，還要讓自己更耀眼！埋頭苦幹是行不通的，還得讓大家看得到你的努力才行！

活在這個腦力競賽的社會，想要一鳴驚人，就必須具備一些做人做事應有的心機，別再傻乎乎地混日子。

有點心機並不是件齷齪的事，重點在於如何將心機運用在恰當的時機。

大家都知道要努力才會成功，但卻不是每個人都知道該如何「努力」。

其實，努力並不等於埋頭苦幹，有目的、有方法的「努力」，才是有效達到目標的好辦法。

曾經有一個衣衫襤褸的少年，到摩天大樓的工地，向衣著華麗的承包商請教：「我應該怎麼做，長大後才能跟你一樣有錢？」

承包商看了少年一眼，對他說：「我跟你說一個故事：有三個工人在同一個工地工作，三個人都一樣努力，只不過，其中一個人始終沒有穿工地發的藍制服。最後，第一個工人現在成了工頭，第二個工人已經退休，而第三個沒穿工地制服的工人則成了建築公司的老闆。年輕人，你明白這個故事的意義嗎？」

少年滿臉困惑，聽得一頭霧水，於是承包商繼續指著前面那

批正在鷹架上工作的工人對男孩說：「看到那些人了嗎？他們全都是我的工人。但是，那麼多的人，我根本沒辦法記住每一個人的名字，有些人甚至連長相都沒印象。但是，你看他們之中那個穿著紅色襯衫的人，他不但比別人更賣力，而且每天最早上班，也最晚下班，加上他那件紅襯衫，使他在這群工人中顯得特別突出。我現在就要過去找他，升他當監工。年輕人，我就是這樣成功的，我除了賣力工作，表現得比其他人更好之外，我還懂得如何讓別人『看』到我在努力。」

日本心理學家昌平修一在《有效的行動》裡說：「真正有能力的人，工作時總是默不作聲，乾淨俐落地把任務完成，但是，在工作過程，他們不會忘記讓上司看見自己的努力。」

不要以為只有你一個人在拼命工作，其實每個人都很努力！

因此，如果想要在一群努力的人中脫穎而出，除了比別人做得更好之外，就得靠其他的技巧和方法了。

最好的辦法，就是找出自己與眾不同的特質，將你的努力用在發揮這些特質上，如此一來，即使做的是相同的工作，那麼你也會比別人更耀眼，更有可能獲得成功的機會！

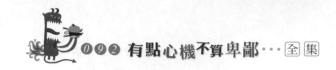

會「聽話」的人容易成功

 在日常生活中學習聽話，可以讓你擁有良好的人際關係；而在銷售商品時學習聽話，才能讓你贏得顧客的信賴。

現實生活中，很多人不但不懂得如何「說話」，甚至也不懂得「聽話」，這是因為，我們通常只在乎自己的表達能力，想讓對方照著自己期望的方向走，忽略了留意聽別人說話的重要性。

這個現象反應了現代人急功近利的心態，以為只要表達得宜，就可以說服別人，完成自己的目標，卻忽略了「聽話」才是最重要的一環，才是把「壞人」變貴人，讓別人真正接受你的一種方法。

美國的汽車推銷大王喬治·吉拉德在他的推銷生涯中，總共賣出了一萬多輛的汽車，其中更包含了一年之內賣出一千四百二十五輛的紀錄。

雖然他的銷售成績十分輝煌，但這也是經過多次失敗才能夠得到的成績。

有一天，一位很有名的富豪特別來跟他買車，吉拉德非常賣力地為富豪解說車子的各種性能，原以為富豪會覺得很滿意，但是，出乎他意料之外的，富豪最後竟改變了心意，不跟他買了！

這個結果讓一向以自己的推銷能力自豪的吉拉德非常疑惑，

很想知道到底是哪裡出了問題。

　　吉拉德思考了一整天，還是不明白自己的失誤在哪裡，於是到了半夜十二點時，終於忍不住打電話去詢問富豪，到底為什麼不買他的車？

　　富豪拿起電話，一聽是吉拉德，便很不耐煩地說：「你知不知道現在已經十二點了？」

　　吉拉德說：「很抱歉，先生。我知道現在打電話很不禮貌，但是，我真的很想知道您不跟我買車的理由！能不能請您告訴我，究竟我讓您不滿意的地方在哪裡？」

　　富豪沉默了一會，開口說道：「既然你想知道，那麼我就告訴你吧！你的銷售能力真的很強，但是，我不喜歡你今天下午的態度。我本來已經決定買了，可是在簽約前，我跟你提到我兒子的事情時，你卻表現出一副毫不在乎的態度，而且你一邊準備收我的錢，一邊聽辦公室門外另一位推銷員在講笑話，這讓我覺得很不受尊重。我就是因為你的態度，才打消了買車念頭的。」

　　想提昇自己的競爭力，就要學會聆聽，然後站在對方的角度看問題。

　　懂得站在對方角度看問題，可以讓對方知道你是懂得別人著想的人，也可以讓對方化解敵意，甚至可以讓一件原本快破局的事情出現轉機。

　　只要你願意專心聆聽對方的談話內容，適時加以回應，你就會恍然發現，眼前這個「壞人」其實沒那麼難纏。

　　不懂得「聽話」重要性的人，無疑常是人際交往中的失敗者。

　　從事銷售相關工作的人都知道，唯有滿足顧客的要求，才能成功地達成銷售商品的目的。

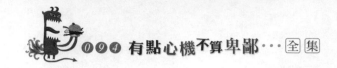

　　但是，如何才能知道顧客的需求呢？這就得靠專注地傾聽，才能達到讓顧客滿意的效果。

　　「聽話」，是每個人都必須認真學習的一門功課。在日常生活中學習聽話，可以讓你擁有良好的人際關係；而在銷售商品時學習聽話，才能讓你贏得顧客的信賴。

「殺雞儆猴」是對付小偷的最好方法

 真正的成功者從來都不會錯過生活中的細微處，積極是他們的處世態度，創意是他們的生活方式，靈活是他們的思考技巧。

　　在這個講究策略的年代，心機儼然成了最重要的競爭力。有點心機其實不算卑鄙，它只不過是爲了保護自己，同時讓自己更順利達成目的。

　　面對棘手的事情與難纏的人物，只要我們願意積極鍛鍊自己的心智，保持冷靜而沉穩的態度，就能快速找到解決的方法。

　　所謂「戲法人人會變，巧妙各有不同」，想決戰商場的人，除了要有獨到的銳利眼光之外，更要有靈活的創意巧思，才能發現新商機。

　　今天是小週末，位於多倫多市區的這間百貨公司內人潮十分擁擠，每個櫃台都擠滿了人。

　　這時，男裝部的櫃台前忽然發生騷動，只見兩名警衛用力地壓著一名盜賊，而那個盜賊則使力地掙扎著，並大聲地喊叫著：「我不是小偷！」

　　警衛不理會他的叫喊聲，圍觀的群眾們還來不及了解發生了什麼事，「小偷」便被警衛們一路拖回到辦公室裡。

　　然而當房門關上後，警衛卻立即將小偷放開，接著還拍了拍

他的肩膀說：「好了，半個小時後，我們再在文具部的櫃台前表演一次。」

你是否也看得一頭霧水呢？

其實，這是一齣假的「警察捉小偷」戲碼，那是專門演給顧客們看的，而這名小偷還是從一間「租賊公司」訓練出來的演員呢！

只是，為什麼會有租賊公司呢？這間公司的老闆又是怎麼樣一個人呢？

據說，這間租賊公司的老闆名叫寇亨，現年三十歲，是個智慧超群而且精明過人的商人。

曾經有人問他，為什麼要開這樣奇怪的公司時，他笑著回答：「這個世界原本就什麼都有了，而且到處也都是些千奇百怪的經營方式或目標，我這也沒什麼奇怪的。當初我是這麼想，百貨公司等人潮多的地方，扒手一向很多，即使再多的保全人員或管理人員，還是無法防範。」

「所以，我就想出了一個點子，如果可以讓警衛當場抓到小偷，一定能達到殺雞儆猴的效果。只要讓真的小偷看見有人被抓了，那麼他們心中一定會產生恐懼，自然而然也會削弱他們偷竊的念頭。雖然假小偷變多了，但事實上真小偷卻在不知不覺中慢慢減少了。」

朋友們一聽，無不拍手稱妙！

寇亨的公司開張後，業績便不斷地創新高，事實證明，殺雞儆猴的效果十分顯著，果真讓竊盜率降低了不少。

看著寇亨發現的商機，可說是一舉數得。因為在降低百貨公司失竊率的同時，他不僅為自己賺進了不少財富，還為演員們創

造了另一片表演天空。

雖然成功和失敗往往只有一步之差，但在跨出步伐前，我們要給自己一個正確的態度：「努力累積你的生活腳步，如果你不想永遠晚人家一步，更不希望計劃一直停滯，積極培養銳利的眼光是當務之急，培養靈活的思考則是我們當下第一要務。」

想對付壞人，甚至把他們變成貴人，就得發揮各種巧思。真正的成功者從來都不會錯過生活中的細微處，更不會讓自己的思路停滯。

因為，積極是他們的處世態度，創意是他們的生活方式，靈活是他們的思考技巧，因此他們能發現別人從未發現的機會，達到別人無法達到的目標。

不要錯把「固執」當「堅持」

再筆直的路也偶爾會有一些小顛簸，再好的方法也可能會有一些小缺點，即使我們能眼觀四方，始終還會有看不見的盲點。

　　什麼是固執，怎麼才叫堅持？其中尺度拿捏確實需要一點智慧，不過，這裡有一個很簡單的辨識方法：「當你的堅持造成了別人的困擾，又或是因為太過堅持而讓自己失去了寶貴的機會，這些情況便不再是堅持的美意，而是人們公認的麻煩──『固執』。」

　　比爾原本是菲利普‧莫里斯公司的首席理財專員，擁有哥倫比亞大學MBA學位，可說是所有金融公司積極爭取的人才。不過，看似搶手的比爾，卻在菲利普‧莫里斯公司被別家跨國公司收購之後，立即被其他的理財專員取代。

　　換句話說，比爾失業了。

　　明白競爭環境的現實，比爾並沒有任何不滿，只有向以前的主管柯爾詢問：「在求職的過程中，你覺得我該怎麼做才能表現得更好？」

　　柯爾看了看比爾，滿臉認真地說：「比爾，我想你應該知道，在這個行業中的主管大都比較保守，如果你想在別人面前改善形象，必須刮掉鬍子，不管你喜不喜歡，這麼一來面試的成功機率才會更高一些。」

　　但是，比爾卻搖了搖頭，似乎很不認同柯爾的觀點。

　　他這麼說：「如果他們不能接受我的裝扮，那將是他們的一大損失。」

　　柯爾嘆了口氣，對比爾說道：「你的實力我們知道，但是別人可不清楚你的能力啊！」

　　雖然柯爾了解比爾的想法，但是他仍然想說服比爾，希望他明白：「你可以在爭取到工作機會後再把鬍子留回來啊！」

　　然而，不管柯爾怎麼勸他，比爾始終置若罔聞，因為對他來說，肢體或形象上的偏好，不應該成為一個人能力上的阻礙。

　　就這樣，比爾失業了一年，一直到失業滿一週年的當天，還是沒有找到工作，到那一天為止，所有應徵過的公司沒有一間願意錄用他。

　　所幸，他在擔任首席理財專員時存了一筆錢，這筆財富不僅足夠買下一間小公司，更能讓他保住自己的鬍子。對他來說，工作和生活一樣，都要以最舒服的方式呈現。

　　我們在生活中所遭受的痛苦與折磨，有些是週遭的「壞人」硬生生加在我們身上，有些則是我們自找的。

　　很多時候，我們自認為的「堅持」，只不過是牛脾氣發作之時，不分輕重緩急的「固執」。

　　在這個表現自我的時代，懂得堅持本色原本是件很好的事，但是如果「堅持」變成了「固執」，那可就不是件聰明人應該做的事。

　　就像故事中的比爾，雖然最後靠著自己的力量找到機會，但始終還是晚了一些。我們不妨試著從另一個角度來思考，其實比爾一開始如果肯退讓一步，根本不必多浪費那一年的時間，畢竟

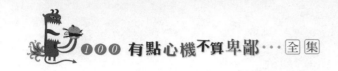

以他的自信與實力，很快地便能擁有自己的辦公室，並自在地留下他想要的鬍子。

其實，再筆直的路也偶爾會有一些小顛簸，再好的方法也可能會有一些小缺點，即使我們能眼觀四方，始終還會有看不見的盲點。

所以，不管我們對自己多麼有信心，還是得學會謙卑，那並不是要我們當個只做表面工夫的人，而是為了讓人們能有更多的機會展現自我。

承認犯錯，才有機會補救

當你發現自己發生錯誤時，補救遠比掩飾犯錯還重要！只要你不隱瞞自己的錯誤，這個錯誤不但可以彌補，說不定結果還會比沒犯錯時更好。

　　每個人都會犯錯，不管多麼成功的人，在成功的背後，一定也有一連串的錯誤經驗。

　　犯錯不是件可怕的事，唯一可怕的地方，在於「隱瞞」錯誤，因為，隱瞞的結果，往往比所犯的錯誤還要嚴重得多。

　　格里在西爾公司當採購員時，曾經犯下了一個很大的錯誤。

　　該公司對採購業務有一項非常重要的規定：採購員不可以超支自己的採購配額！如果採購員的配額用完了，那麼便不能採購新的商品，要等到配額撥下後才能進行採購。

　　在某次採購季節中，有一位日本廠商向格里展示了一款很漂亮的手提包，格里身為採購員，以專業眼光來看，認為這款手提包一定會成為流行商品。可是，這時格里的配額已經用完了，不禁後悔自己之前不應該衝動地把所有的配額用光，導致現在無法抓住這個大好機會。

　　格里知道自己現在只有兩種選擇：一是放棄這筆交易，雖然這筆交易肯定會給公司帶來極高的利潤；二是向公司主管承認自己的錯誤，然後請求追加採購金額。格里決定選擇第二種方法。

他一進主管的辦公室，就對主管坦承：「很抱歉，我犯了個大錯。」然後將事情從頭到尾解釋了一遍。

雖然主管對格里花錢不眨眼的採購方式頗有微詞，但還是被他的坦誠說服了，並且撥出需要的款項。

手提包一上市，果然受到消費者熱烈的歡迎，成為公司的暢銷商品，而格里也因為這次的超支學到了教訓，並且從中獲得寶貴的經驗。

我們都習慣把那些愛訓斥自己的上司看成「壞人」，因此，發生錯誤的時候，第一個想法就是掩飾。其實，這是錯誤的做法，勇於認錯不但會讓你在對方眼中留下良好印象，也可以適時得到對方的援助。

發現自己發生錯誤時，補救遠比掩飾犯錯還重要！

只要你不隱瞞自己的錯誤，這個錯誤不但可以彌補，說不定還可以幫助自己更上一層樓，結果還會比沒犯錯時更好。

一旦犯了錯，就要有承擔責備的心理準備，因為自己做錯了，如果因為害怕被責備而不願意承認錯誤，那結果就可能是失去更多的大好機會。

跌倒，別忘了立刻爬起來

 大部分人因為不想嚐到失敗的滋味，所以一輩子怯怯懦懦，並且還因此沾沾自喜，殊不知這才是最大的失敗！

不論做任何事，剛開始時總是容易跌跌撞撞，就像嬰兒學走路一樣；除非你真的天賦異稟，要不然，跌倒對每個人來說，其實都只是不足為奇的小事而已。重點在於，跌倒之後你能不能立刻站起來。

安東尼十四歲的時候來到美國，因為他從七歲起就跟著裁縫師學裁縫，所以到了美國之後，很順利地就在一家裁縫店中找到工作。

到了十八歲時，安東尼決定要成立一家屬於自己的店。於是，他和弟弟及其他合夥人共同買下了一間禮服店，信心滿滿地把所有的積蓄都投資在這裡頭。但是，接下來發生的許多事情，卻不斷地考驗著安東尼開店的決心。

先是在即將開業的前一天晚上，被小偷偷走了將近八萬美元的存貨；接下來他再度進的貨，又在一場意外大火中付之一炬。

後來，他才發現保險經紀人欺騙他，根本沒有把他支付的保險費支票交給保險公司，所以這場火災等於沒有保險。更慘的是，可以證明公司存貨內容和價值的一位重要證人，卻正好在這個時

候去世了。

接二連三的打擊實在讓安東尼受夠了，他決定到別的裁縫店工作。但是，過了沒多久，他渴望擁有自己事業的慾望又開始蠢蠢欲動了起來。

於是，他再度鼓起勇氣，開了一家裁縫兼禮服出租店。

這一次，他決定多採納別人的意見，但在大方向上依然堅持自己做決定。因為，他始終相信：如果因此跌倒了，是他讓自己跌倒的，如果他站了起來，那也是靠自己站起來的。

因為安東尼堅持著這個信念，不久之後，他的「法蘭克禮服出租店」終於成為底特律的知名店舖。

因為害怕跌倒，所以很多人不敢騎腳踏車、不敢溜冰、不敢玩直排輪……，因為害怕，所以喪失了許多樂趣。

在人生中也是如此，大部分人因為不想嚐到失敗的滋味，所以一輩子怯怯懦懦，不敢輕易嘗試新事物、新方法，並且還因此沾沾自喜，殊不知這才是最大的失敗！

跌倒的目的，就是為了讓你在爬起來的時候，能看到更美好的東西！

所以，我們何必害怕跌倒？

應該怕的，是連嘗試都不敢嘗試，便在恐懼中失去機會，因為，失去了嘗試的勇氣，也就等於自願放棄了成功的機會。

停止反省，等於停止進步

 無論任何企業，都必須隨著時代脈動調整步伐，並且在不斷的流動中反省，才能讓企業的價值越來越高，根基也紮得越來越穩固。

在人生過程中，我們往往會碰到許多挫折與困難。想要成功，就必須克服重重危機的結果。

在克服危機的過程中，懂得反省是很重要的，因為只有懂得反省的人，才有可能找到衝破危機的方法。

安麗是美國知名的消費品製造商，擁有超過一百萬名獨立經銷商的全球直銷網絡，而且旗下販售的產品超過四千三百種。

更驚人的是，安麗所有的商品都是透過上門推銷和郵購的方式銷售，年營業額高達數十億美元。

安麗是由狄韋斯和傑文・安黛爾兩人共同創立的。狄韋斯讀高中時，遇到了傑文・安黛爾，兩個年輕人有著相同的夢想、希望和目標，就這麼開始了一起創造事業的過程。

五〇年代末，他們在自家的車庫裡展開了直銷事業。後來雖然遭遇過許多挫折，但是兩人從不放棄，並且彼此扶持、鼓勵，經過長時間的努力之後，終於演變成現在的安麗。

當媒體詢問狄韋斯的經營之道時，狄韋斯認為，那些夢想擁有自己事業的人，最後往往只看重管理事業，而不是繼續成長。

　　大多數公司之所以會垮，是因爲原本的創立者忘了繼續進步的重要，只陶醉在公司目前的繁榮景象。

　　如果要繼續進步的話，就不能忽略時時自我反省。

　　白手起家的人固然值得欽佩，但是「守成」的人則更爲重要。

　　要想維持成功的話，停滯不前非但無法維持原有的成績，反而是一種退步，甚至會導致瓦解。

　　無論任何企業，都必須隨著時代脈動調整步伐，並且在不斷的流動中反省，才能讓企業的價值越來越高，根基也紮得越來越穩固。

　　當然，想要在現實生活中持盈保泰，你也必須時時自我反省。千萬不要停止進步，要讓心思冷靜細膩，如此才能培養深謀遠慮的智慧，對可能出現的變數預做應變措施。

該說謊的時候，還是得說

雖然說謊不是好事，

但是偶爾一兩句善意的謊言，

會帶來令人意想不到的驚喜效果。

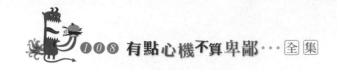

該說謊的時候，還是得說

 雖然說謊不是好事，但是偶爾一兩句善意的謊言，會帶來令人意想不到的驚喜效果。

　　說謊，連三歲小孩子都知道這是一種壞習慣。可是，在大人的世界裡，總是自以為誠實地直來直往，有時候反而會吃大虧，因此，某些善意的謊言是有必要存在的。

　　不過，必須注意的是，善意的謊言最忌諱的就是過於誇張，而且要配合適當的時機和場合。

　　這樣一來，才能讓謊言發揮出最大的效果。

　　在一次盛大豪華的舞會上，甲對舞會的主人———一位徐娘半老，但風韻猶存的女士說：「看到您，不禁使我想起您年輕的時候。」

　　女士微笑的問：「我年輕的時候怎麼樣？」

　　「很漂亮。」甲回答。

　　「難道我現在不漂亮嗎？」女士開玩笑地問。

　　沒想到甲竟然非常認真地回答：「是的，比起年輕時候的您，您現在的皮膚不但鬆弛，缺少光澤，甚至還有不少皺紋。」

　　這位女士聽完甲的回答，臉上一陣白一陣紅，十分尷尬地瞪著甲，剛才的自信完全消失了。就在這個時候，乙適時出現在這

位女士的面前，彬彬有禮的伸出手，對她說道：「不知道我有沒有這個榮幸，邀請這個舞會上最漂亮的女士一起跳舞呢？」

女士的眼睛頓時亮了起來，接受了邀請，兩個人在舞池裡跳了首舞曲。這位女士像突然變了個人般，全身散發著迷人的魅力，就像個漂亮的年輕女孩！

舞會過了沒幾天，甲和乙同時收到一封訃文，那位女士突然死了。

不過，乙比甲還多收到了一封遺囑，這位女士在遺囑中註明，將自己所有的財產留給乙。

很多人都會因為自己口是心非而感到懊惱，其實，往好的方面想，口是心非並沒什麼大不了的。因為，絕大多數時候，我們並不是存心欺騙別人，也不是打從心裡想藉由討好別人來達成自己的目的。只不過是為了減少一些不必要的麻煩，或者化解某些尷尬，才不得不說出那些「善意的謊言」。

有一句西洋諺語：「一滴蜂蜜能比膽汁招來更多的蒼蠅」，說明了甜言蜜語比毫不留情的實話更能夠吸引別人。

雖然說謊不是好事，而且謊言一旦被拆穿，下場往往比說實話還慘；但是偶爾一兩句善意的謊言，會帶來令人意想不到的驚喜效果。

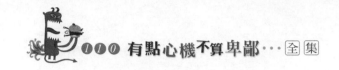
不要讓自己的創意不切實際

 創意一開始都是天馬行空的，需要靠行動一步步地修正，否則，再多的想法，也不過是徒然浪費自己的想像力罷了。

　　每個人都想成功致富，但是當夢想陷入膠著狀態，你能不能運用自己的聰明才智，讓它朝自己希望的方向發展？

　　所謂的聰明才智，就是發現不同事物之間的相似之處，以及發現相似事物之間的差異，對於激發創意有著無窮妙用。

　　《富爸爸，窮爸爸》裡有一則有趣的故事。

　　羅伯特和麥克才九歲的時候，就想靠自己的力量賺取零用錢。但是，他們的年紀太小了，找不到適合的工作，於是兩人想了很久，終於想出了一個他們認為「最好」的賺錢方法。

　　接下來幾個星期，羅伯特和麥克跑遍了整個小鎮，到處去要別人用完的牙膏皮。每個人都很願意給他們這種沒用的東西，可是每當問有什麼用途時，他們總是回答：「這是商業秘密」。

　　等到他們攢足了牙膏皮時，就開始把這些牙膏皮「變」成錢。

　　兩個九歲的男孩在車庫合力「安裝」了一條生產線，完成之後還要求羅伯特的爸爸來參觀。

　　原來，當時的牙膏皮還不是塑膠製，而是鉛製的，所以把牙膏皮上的塗料熔掉之後，鉛皮就會因為高溫變成液體，然後羅伯

特和麥克再小心地把鉛液灌入裝有石灰的牛奶盒裡。

看到這種情形，羅伯特的爸爸好奇地問：「你們在做什麼？」

羅伯特興奮地說：「我們正在『做』錢，我們就要變成富翁了！」

麥克也笑著說：「我們是合夥人。」

羅伯特用一個小鎚子敲開牛奶盒，並且對他爸爸說：「你看，這是已經做好的錢。」

說著，一個鉛製的五分硬幣就這麼掉了出來。

羅伯特的爸爸這才明白：「原來你們在用鉛鑄硬幣啊！」

麥克說：「對啊，這是我們想到的賺錢方法。」

羅伯特的爸爸笑著搖搖頭，並且向他們說明為什麼這個方法是犯法的行為，根本行不通。

兩個孩子聽完了，頓時覺得非常失望，羅伯特很沮喪地對麥克說：「我們當不成富翁了。」

羅伯特的爸爸聽完，對他們說：「孩子，一件事情的成敗並不重要，重要的是你們曾經嘗試過。你們比大多數只會空談的人還要厲害得多，我為你們感到驕傲。」

創意如果沒有真正付諸行動，就不可能稱為創意，只能稱為一種腦海中的「想法」而已。而且，創意一開始都是天馬行空的，需要靠行動一步步地加以修正，否則，再多不切實際的想法，也不過是徒然浪費自己的想像力罷了。

因此，當身邊的「壞人」嘲笑你的創意是異想天開的幻想時，先別急著鬧脾氣，也不用和對方爭得面紅耳赤，而是試著付諸行動，然後一步步加以修正。

如此一來，你的創意就有可能成為通往成功的捷徑。

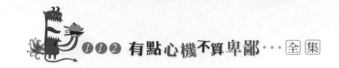

慎重選擇自己的模仿對象

這個競爭激烈的社會，嚴格說起來，就是一場大型的模仿秀。選對了目標，成功或許指日可待；一旦選錯了，可能就得花更多的時間繞遠路。

人的成長，往往來自於模仿別人，然後從模仿中找到自己的風格。

越懂得「模仿」訣竅的人，就越容易成爲他所模仿的對象，到最後甚至超越被模仿的人。

有一位作家到洛杉磯旅行時，他的美國朋友開車帶著他到處觀光。當他們來到洛杉磯最著名的高級住宅區比佛利山莊時，看到各式各樣的豪宅，作家忽然問他的美國朋友說：「你看到這麼高級的豪宅，會不會嫉妒住在裡面的人？」

美國朋友回答：「當然嫉妒，不過我嫉妒的是他們能遇到好機會！如果將來我能遇到好機會的話，我會做得比他們還要好！」

後來，這位作家到日本去玩，一位日本朋友也帶著作家去參觀高級住宅區。日本的豪宅雖然建築和格局都與美國不同，但是一樣都很漂亮華麗。作家也問了日本朋友同樣的問題：「你會不會嫉妒住在裡面的人？」

日本朋友搖搖頭，回答說：「當然不會！日本人只要見比自己強的人，通常都會主動接近那個人，和他交朋友，向他學習。

等到把他的長處學到後，再設法超越他。」

　　只有傻瓜才會情緒性地嫉妒別人的成功，老是跟自己生悶氣，卻不想如何才能超越對方。

　　這個看起來競爭激烈的社會，嚴格說起來，就是一場大型的模仿秀。正因為每個人都在不知不覺中模仿他人，所以如何選擇模仿對象，就成為一件很重要的事了。

　　選對了模仿目標，成功或許指日可待；一旦選錯了，可能就得花更多的時間繞遠路了。

　　所以，成不成功靠的不只是運氣，還得好好地選擇自己想模仿的對象，如此一來，不只能讓自己節省不少的力氣，還可以比他人更快地達到目標。

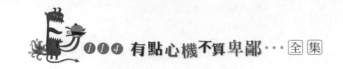

越懂得把握，收穫越多

得到一樣東西之後，往往又會想要更多，慾望無窮，但是得到的卻沒有更多，反而把原本握在手上的，拱手讓給了別人。

不論是爲人處世或是投資理財，都應該謹守中庸之道，適可而止，才能讓自己處於不敗之地。

否則，到最後就會淪爲「一無所有」的失敗者。

有一對新婚夫妻到拉斯維加斯度蜜月，不到三天時間，新郎就已經輸掉了一千美元。

這天，新郎又輸了，非常懊惱地回到房間。這時候，新郎看到梳妝台上有個閃亮亮的東西，好奇地上前一看，原來是他的妻子爲了當紀念而留下的五塊錢籌碼，而籌碼上的號碼「十七」正在閃閃發光。

新郎覺得這是個好兆頭，於是興高采烈地拿著這個五塊錢籌碼跑到樓下的輪盤賭台，準備用這個五塊錢籌碼押在「十七」號！

不知道是哪裡來的好運，輪盤的小球居然正好落在「十七」這個數字上！新郎就這樣贏了一百七十五塊美元。

新郎高興得不得了，把贏來的錢繼續押在「十七」號上，結果居然又中了！新郎的好手氣就這樣一直持續著，最後他竟然贏了七百五十萬美元！

　　這時的他已經是欲罷不能了，賭場的經理終於出面了，對新郎說，如果他再繼續賭下去的話，賭場可能沒有辦法再賠他錢了。

　　這個新郎想乘勝追擊，於是立即叫了部計程車，直奔市區另一家財力更雄厚的賭場。

　　他樂昏了頭，把贏來的七百五十萬全部孤注一擲地押在「十七」號上，結果輪盤的小球方向一偏，最後停在「十八」號上。

　　就這樣，他一輩子都賺不到的天大財富，轉眼間便輸得一乾二淨了。最後，他身上一毛錢都沒有，只好垂頭喪氣地走回旅館。

　　他一進房間，妻子就問他：「你到哪裡去了？」

　　「我去賭輪盤。」他說。

　　「手氣怎麼樣？」妻子好奇地問。

　　「還好，我只輸了五塊錢。」

　　其實，這位新郎原本可以成為七百五十萬美元的主人，但是他的貪心，卻讓他成了「只輸了五塊錢」的過路財神。

　　我們或許都曾有這樣絕佳的機會，只是我們有沒有好好把握而已。

　　得到一樣東西之後，往往又會想要更多，人的慾望無窮，但是得到的卻沒有更多，反而把原本握在手上的，拱手讓給了別人。

　　如果你已經掌握了些什麼，請你好好把握，或許從這些資源中，你反而能得到更多意想不到的收穫！

　　建立蘇維埃政權的列寧曾說：「為了能夠分析和考察各種狀況，應該在肩膀上長著自己的腦袋。」

　　當你面臨選擇的時候，應該要有屬於自己的獨立思考方式，方能做出最有利於自己的判斷和抉擇。

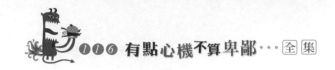

鋪一條沒有坑洞的康莊大道

 不要吝惜在別人需要的時候伸出援手，因為在你伸出援手的同時，也等於為你的人際關係鋪好了一條康莊大道。

任何人在遭遇困難時，都希望能有一個堅強的靠山伸出援手。所以，當你為了自己的人際關係不佳而懊惱時，千萬記得，成為別人的援手，也是建立良好人際關係的手段。

英國可說是社會福利工作做得最完善的國家之一，但也因為社會福利的完善，造成英國財政上的許多問題。

所以，在一九七九年，素有「鐵娘子」之稱的柴契爾夫人開始擔任英國首相之時，便致力於改革英國的稅賦制度。

她的改革包含了經濟、社會、醫療、社會保障和教育。雖然在改革的過程中產生不少「太過分」的埋怨聲浪，但確實也讓英國日趨嚴重的財政赤字問題逐漸好轉。

柴契爾夫人就任之後，為了樹立改革的榜樣，每天早上六點起床，辦理公務一直到深夜才休息。她這種兢兢業業、以身作則的精神，不僅獲得英國國民一致的支持，對她的改革措施、堅毅信念和卓越的領導能力，絕大多數民眾也感到相當佩服以及肯定。

人與人之間的互動是相當微妙的，往往左右著一個人的成敗，

凡事針鋒相對無疑是最糟糕的處世模式。唯有懂得借力使力，把那些反對、批評自己的「壞人」變成另類的貴人，才算是真正成功的人。

不只是國家的元首需要支持，一般人也不能缺乏朋友的支持。因為，支持代表了別人的看法和評價，一個缺乏朋友支持的人，不要說成功了，就連與人相處都會很辛苦。

所以，不要吝惜在別人需要的時候伸出援手，因為在你伸出援手的同時，也等於為你的人際關係鋪好了一條沒有坑洞的康莊大道。

此外，千萬不要用情緒解決問題，聰明的人必須根據不同的情勢，採取相應的作戰方針，不管伸縮、進退，都應該進行客觀的評估，如此才能獲得勝利。可別因為一時沉不住氣，導致自己一敗塗地。

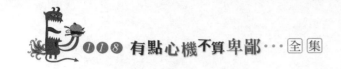

要追求理想，也要兼顧現實

與其找一個完美的情人，還不如尋找一個能夠包容自己缺點的情人，只要能夠互相包容、配合，那麼是不是完美，又有什麼重要呢？

真正聰明的人知道每個人都有個性上的缺點，也有著視野上的盲點，因此不會苦苦追求所謂的完美。

理想和現實總是有差距的，理想不管有多完美，一旦碰到了現實生活，再完美的理想也必須適度地妥協，否則，到最後便會坐失良機。

有一個老人，身上背著一個破舊不堪的包袱，臉上佈滿了歲月的痕跡，腳下的鞋子因為長途跋涉而破了好幾個洞。這個老人的外表雖然很狼狽，但眼睛卻是炯炯有神，總是仔細而且專注地觀察著來往的行人。

這樣的一個老人立刻引起當地人的好奇，有個年輕人終於忍不住地問老人說：「請問，您是在尋找些什麼嗎？」

老人嘆了口氣，緩緩地回答道：「我從你這個年紀開始，就發誓要找到一個完美的女人，然後娶她為妻。於是，我從自己的家鄉開始尋找，經過一個又一個城市，可是一直到現在，都還沒有找到一個完美的女人。」

「找了那麼多年，難道還找不到完美的女人嗎？會不會這個

世界上根本就沒有完美的女人存在呢？」年輕人聽完老人的敘述後，認真地問道。

老人斬釘截鐵地回答說：「這個世界上真的有完美的女人存在！我在三十年前就曾經找到過。」

「那麼，您為什麼不娶她為妻呢？」年輕人繼續問。

老人嘆了口氣，悲傷地回答：「當時，我立刻就向她求婚了，但是她卻不肯嫁給我。」

「為什麼呢？」

「因為，她也在尋找這個世界上最完美的男人！」

大文豪莎士比亞曾經在著作裡這麼寫道：「同樣價值的東西，往往因為人的主觀意識，而分別高下。」

同樣的，價值也會隨著時空環境的改變而改變。因此，追求人生目標的時候，應當充滿信心和希望，但千萬不要好高騖遠。

人固然要追求理想，但是也要兼顧現實，才不會一廂情願。

十全十美的人只會出現在小說或電視裡，而不會存在於真實的生活中。因此，與其找一個完美的情人，還不如尋找一個能夠包容自己缺點的情人，只要能夠互相包容、配合，那麼是不是完美，又有什麼重要呢？

不論待人或處事也是如此，太過堅持完美，只會讓自己變成自以為是的大傻瓜。

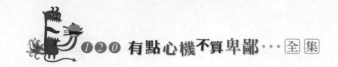

限制，都是自己造成的

也許本來很簡單的事，都因為先在心中設置了障礙，才會讓事情越來越複雜，也限制了自己的發展。

　　人們總是習慣用外表或是既定的印象來評斷事物。就像想到「夏天」，就會聯想到炎熱，想到「複雜」，便會想到「困難」，這些都是我們自己訂下的標準或印象。

　　因此，在真正嘗試之前，何不把自己放空，用單純客觀的角度加以判斷呢？

　　說不定，許多的「麻煩事」，在這種「無預設」的心態下，便可以輕輕鬆鬆地解決了。

　　魔術大師胡迪尼最令人津津樂道的表演，就是他能在很短的時間內打開非常複雜的鎖，而且從來沒有失手過。他為自己訂下一個目標：六十分鐘之內，一定要從任何鎖中掙脫出來。不過，條件是必須讓他穿著自己特製的衣服進去，而且絕對不能有任何人在旁邊觀看。

　　有一個英國小鎮的居民，決定向胡迪尼挑戰。他們製造了一個特別堅固的鐵牢，還配上一把非常複雜的鎖，然後請胡迪尼來接受考驗，看看他能不能順利地從這個鐵牢中脫身。

　　胡迪尼接受了這個挑戰。他穿上了特製的衣服走進鐵牢，所

有的居民都遵守規定，不去看他如何開鎖。

　　胡迪尼從衣服裡拿出工具開鎖，但是，時間一分一秒地過去了，卻打不開鐵牢，頭上開始冒汗。終於，一個小時過去了，胡迪尼還是聽不到期待中鎖簧彈開的聲音，精疲力盡地靠著門坐下來，結果牢門竟然順勢而開。原來，這個牢門根本沒有上鎖！那把看似複雜的鎖原來只是個模型，而一向有「逃生專家」美譽的胡迪尼，竟然被一把根本沒有「鎖」的鎖弄得動彈不得。

　　莎士比亞曾經寫道：「聰明人變成了癡愚，是一條最容易上鉤的游魚，因為他憑恃才高學廣，看不見自己的狂妄。」

　　許多的限制或障礙，其實都是自己造成的。因爲，遇到事情時，我們首先想的不是該怎麼面對，而是如何才能繞過；當問題發生時，直覺反應一定是先找藉口，而不是如何解決，等到真的逼不得已的時候，才會動腦筋思考解決的方法。

　　所以，也許本來很簡單的事，都因爲先在心中設置了障礙，才會讓事情越來越複雜，也限制了自己的發展。

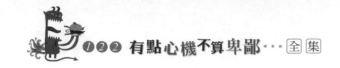

生命，經不起無謂的浪費

 人的生命是有限的，經不起無謂的浪費，只要你能把握生命中的每一秒，那麼你的目標也就離你不遠了。

曾經有一個這樣的笑話。

某甲的錢包被偷了，為了追回錢包，便死命地追著小偷不放。

某甲很生氣地邊追邊想：「我就不相信我跑不過你！」

於是，他卯足了勁，全力地往前跑。等到他終於追上時，沒想到某甲竟然只記得要跑贏小偷，而忘了追回錢包，仍然繼續地一直往前跑！

當我們整天只知道像陀螺一樣地忙忙碌碌，卻忘了既定的生活目標時，這種行為不也和那個忘了小偷，只顧著向前跑的某甲一樣嗎？

有位女作家之所以能有這麼豐富的作品產量，完全得力於她可以理智地限制自己。

她出過幾十本書，作品風靡華文世界，讓人難以想像的是，這位既擔任教職，又有三個孩子的作家，怎麼還能有如此旺盛的精力和時間來創作。

原來，她不看電視、也不看電影，平常更不逛街、不應酬，每天一下班就立即回家，將自己「囚禁」起來，開始寫作。

　　她說：「一進家門，我便把自己變成一隻蜘蛛。文字是絲，我用絲來織網，勤奮苦心地織，有一種快樂絕頂的感覺。在整個編織的過程中，我用我的耐性和韌性，將千條萬縷的細絲，織成疏密有致的網；然後，我再以我的感情和經驗，為這個網的雛形設計獨特的圖案。」

　　有人因此評論說：「她既是編織美麗文字之網的作家，也是一個不斷吮吸知識甘泉的讀書狂。她像蠶一樣發狂地吞食，再努力地消化。」

　　這種專注的能力，使她成為一個不容易向現實低頭的人，也因此能在文字殿堂中，獲得令人激賞的成績。

　　美國激勵作家麥斯威爾‧馬爾茲曾經說過：「一個人最終拋棄了虛偽與矯飾，主動表現出本來面目時，所得到的輕鬆與滿足是不可比擬的。」

　　這是因為，虛偽與矯飾讓人終日患得患失，只有勇敢面對自己的缺點，才能在人前人後都活得輕鬆自在。

　　限制自己，其實是一種非常勇敢的行為！因為它不僅能測試一個人的意志力，還能表現出一個人是否能充分地運用時間。

　　如果你充滿理想，並且渴望成功，那麼，嘗試向自己的「自制力」挑戰吧！人的生命是有限的，經不起無謂的浪費，只要你能把握生命中的每一秒，那麼你的目標也就離你不遠了。

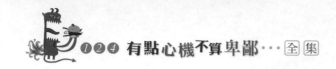

有計劃，才能因應變化

 計劃是實現夢想的第一步，有了計劃，我們才能開始完成夢想的步驟，並且節省更多時間，減少走向冤枉路的機會。

我們常會說：「計劃永遠趕不上變化」，但是很多人誤解了這句話的意思，動不動就將這句話拿來為自己的沒有計劃做辯護。

其實，這句話只是為了告訴我們變通的重要性，而不是要我們無所事事或完全放棄「計劃」。

一九八四年，東京國際馬拉松邀請賽中，原本名不見經傳的日本選手山田本一，在眾人的意料之外奪得了世界冠軍。當記者問他是如何自我鍛鍊時，他只說了一句話：「我是用智慧戰勝對手的。」

當時很多人都認為山田本一很臭屁，是在故弄玄虛，畢竟馬拉松是憑藉體力和耐力的運動，爆發力和速度都還在其次，只要選手的身體素質好、耐力夠，就有成為冠軍的希望。所以，智慧對馬拉松來說會有什麼幫助？這個說法實在有些勉強。

兩年後，義大利國際馬拉松邀請賽在義大利的北部城市米蘭舉行。山田本一代表日本參加比賽，並且再度獲得了世界冠軍。

面對山田本一時，記者們再度問到了獲勝的關鍵。

性情木訥的山田本一原來就不善言辭，所以這次的回答還是

和上次一樣：「用智慧戰勝對手」。不過，這次記者們並沒有在報紙上挖苦他，只是仍然對他所謂智慧的說法還是一頭霧水。

十年後，山田本一在自傳中，明白地解釋他的「智慧」：

「每次比賽前，我都會先把比賽的路線仔細地看一遍，並且把沿途比較醒目的標誌記下來。比如第一個標誌是銀行，第二個標誌是一棵大樹，第三個標誌是一座紅房子……等等，就這樣一直記到賽程的終點。

等到真正比賽時，我會奮力地向第一個目標衝刺，等到達第一個目標後，再用同樣的速度跑向第二個目標。這樣一來，不管多遠的賽程，只要分解成幾個小目標，我就可以輕鬆地跑完全程了。剛開始時我不明白這個道理，只會把目標定在終點線，結果跑不到十幾公里便疲憊不堪，被前面遙遠的路程給嚇到了。」

計劃是實現夢想的第一步，有了計劃，才能開始完成夢想的步驟。所以，我們不應該將計劃視為一種束縛，而是把計劃當成一種規範，再跟著環境的變動逐步的調整與修正。

如此一來，成功的機率絕對比跟無頭蒼蠅一樣到處碰壁還要大得多，而且更能避免許多無謂的冤枉路。

法國大文豪福樓拜在談論人生時曾經說過：「堅強，求助於你的意志力，而不要求助於天神。因為，天神從來不理會人們的求救呼聲。」

想在險惡的人性叢林中求生存也需要計劃，聰明的人考慮問題、制定謀略的時候，一定要兼顧利與害。既要充分考慮到有利的方面，同時也要考慮到不利的一面，保持清醒的頭腦，才不會衍生不必要的後遺症。

PART 6

凡事斤斤計較，不見得比較好

吃點小虧，反而更能佔得長遠的大便宜。

把這種體會作為為人處世的準則，

更能活得瀟灑、率真、愉快。

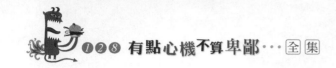

用「乖巧」代替「乖張」

既然已經得了「裡子」，就不妨給對方多留些「面子」。千萬別讓對方感到「既失了裡子，又丟了面子」，惱羞成怒之餘做出「狗急跳牆」之類的事。

在競爭一天比一天激烈的社會，越來越多人開始鑽研如何運用人脈，想透過做人成功而獲得更多人幫助，讓自己做事更加順利。

在爾虞我詐的人性叢林中，許多人也不斷琢磨該如何「便宜行事」，才能佔得更多便宜，比別人快一步出人頭地。

這些都是無可厚非的心理，不過，千萬要記住，撈得「便宜」之後，必須適時「賣乖」，才不會淪為別人暗地咒罵、憎恨的人。

所謂的「賣乖」，並不是言行「乖張」，擺出一副小人得志的嘴臉，而是表現得謙虛「乖巧」，替別人留些顏面。

人際關係作家梅爾曾說：「和別人交手的過程中，越是得了便宜的人，越要在人前表現出一副委屈和無奈的模樣。」

確實，做人做事的勝利方程式便是用「乖巧」代替「乖張」。如果你是得了便宜的人，非但不能趾高氣揚，在人前表現乖張的模樣，反而要在得了便宜之後表現乖巧，減緩對方心裡的不舒服。

懂得用「乖巧」代替「乖張」，才是最高段的處世智慧。

古人說「蜀道難，難於上青天」，對照如今的社會，其實可

以改成「做人難，難於上青天」。

這絕不是誇大其詞，現實生活中，的確如此。人際相處過程裡，別說「得了便宜又賣乖」，多少人連「便宜」都討不到。

今日，科學技術飛速發展，人類已經能夠飛出地球、探索宇宙，創造出許多匪夷所思的奇蹟，但是，人依然是人，還是必須生活在社會裡，藉著不斷地與他人相處、互動，延續自己的生存。

許多人身懷極高的才能，卻始終鬱鬱不得志，原因就在於不懂得為人處世的正確方法，所以處處碰壁。也有許多人，品德才幹都不怎麼好，卻能平步青雲，歸根究柢，就因為抓得住為人處世的竅門，所以左右逢源。

由此可知，相較於其他一切專業知能，做人做事的方法才真正是一門必修的大學問。

你對自己的人際關係滿意嗎？

你是否感到經常感到「江湖險惡」，動輒得咎？

處理因為人際交往衍生出的種種問題，總讓人們傷透腦筋。俗話說「人在江湖飄，哪有不挨刀」，某種程度上，正是對做人難處的最好詮釋。

不管是說錯了話、交錯了朋友、防範心理不夠強，都可能招來災禍，因此，許多人由衷大歎：「做人好難。」

其實，做人並沒有一般人想像得這般複雜，之所以處處不討好，只是因為還沒有找對方法。

做人，說穿了，就是要適度拿捏「方圓」。用比較厚黑的說法解釋，就是知道何時該佔便宜，何時該「賣乖」。

人際關係作家尤瑞曾經如此寫道：「通常得了便宜的人，都

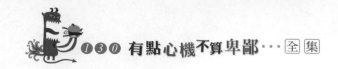

會再三強調自己其實吃了不少虧。」

因為，如果得了便宜的人不強調自己吃了不少虧，又如何能平衡那些既沒得到便宜又吃了虧的人的心理？

為人處世要懂得替自己和別人留一條退路，既然已經得了「裡子」，就不妨給對方多留些「面子」。千萬別讓對方感到「既失了裡子，又丟了面子」，如此對方才不會惱羞成怒，做出「狗急跳牆」之類的事。

巧妙掌握行事準則，拿捏好人際相處的尺度，斟酌場合決定態度，那麼，你才能真正佔得便宜。

抬槓爭鋒，做人不會成功

 聰明人都善於退讓，在關鍵時刻充當「愚者」，虛心請教他人的意見或建議，把自身修飾得更加完美。

鋒芒外露的人或許有才華，但絕不聰明。

真正的聰明人，懂得什麼時候該方，什麼時候該圓，全都能把握得恰到好處。聰明人不僅不會處處顯示出自己比別人強，相反的，他們還會刻意裝出一副很「愚」的模樣，因為心裡清楚明白，樹大必然招風。

現實生活中，很多人都希望在他人面前展示自己的「才華」，於是便喜歡和人爭執，凡事都要拚個你死我活，非要分出勝負，讓別人知道自己的智慧有多高、多麼有想法、多麼厲害。

這種人只要一投入話題中，馬上就針鋒相對，不管別人說什麼，總要予以反駁。你說「是」，他們就一定要說「否」，等你改口說「否」的時候，他們又要堅持說「是」了。

總之，事事都要出鋒頭，時時都想顯示自己。

實際上，他們並不一定真的才華橫溢，很可能根本就胸無點墨、腦袋空空，毫無見識可言。

凡事都想搶佔上風的人，與人爭執時，必定會擺出一副不把別人逼進死胡同誓不甘休的架勢。這樣真的好嗎？下場不用說，

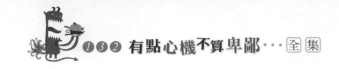

大家都清楚。

若你本身就有喜歡與人爭執的毛病，不妨靜下心來想想，這雖然讓自己的虛榮心得到了滿足，但別人會是怎樣的感受？喜歡爭執的人，大都不能將心比心地意識到這一點，所以改不了這種不良習慣。

動輒與人爭鋒，看在別人眼裡就是一個跳樑小丑，難成大氣候。在生活和工作中，這種不良習慣也會使你與周遭的人產生隔閡，人人避之唯恐不及，不會願意主動提供好的意見或建議。

毫無疑問，無論一個人原本能力有多好，一旦染上愛爭論的壞毛病，朋友、同事便將遠離。應當這樣告訴自己：日常談論中，你提出的看法不一定都是正確的，其他人的想法也未必就比你的差。因此，你不該任意反駁別人的看法。

喜歡抬槓爭論的人，往往有些小聰明，當然也有許多是自作聰明，總認為自己的智商比別人高，自己的天賦或能力無人能及，實際上只是一個不懂得做人的傻瓜罷了。

另一種可能，就是太過於熱心，總想從自己的頭腦中提出更高超的見解，認為這樣做能讓人刮目相看，可是事實上大錯特錯、事與願違。

生活中有太多瑣碎的事情，根本不值得我們將時間與腦細胞浪費在上面，更別說是與人爭得面紅耳赤了。在輕鬆愉悅的閒談中與人交流，保持應有的快樂氣氛，不是更能討得便宜？

想當一個聰明人，首先，請學會看場合、看臉色行事。

與他人閒談時，若對方根本不打算聽你說教，只想娛樂一番，你卻自作聰明，一定要拿出自己對談論話題所持的「高見」進行爭論，相信任何人都不會接受。所以，你千萬不能時刻擺出教訓

人的架勢，即使他人的看法是錯誤的，也不妨佯裝贊同，因為那不過是為了娛樂而已。

當同事向你提出某種意見或建議，即使對他們的看法有所懷疑，也不要當場反駁。

聰明人會充當「愚者」，耐心地傾聽對方的意見，即使不完全贊同，也表現出有濃厚興趣的模樣，並表示一定會仔細考慮。這樣一來，不但尊重了別人，也給自己一個下台階。

畢竟，自己的想法不可能盡善盡美，他人的意見也不見得一無是處。彈性地留下轉圜空間，才是既得便宜又賣乖的最好做法。

與朋友一起聊天時，細節處理更不能忽視。一旦表現出愛爭執的傾向，就有可能傷害到彼此的友誼。

如果朋友在某個問題上出現了錯誤，自己卻不自知，你向對方提出意見而他不肯接受，不必急於求成，不妨讓一步，佯裝自己與他站在一條戰線上，目的則在把時間拖得長一些，過幾天另找機會深談。

切記，待人接物最聰明的做法，就是表現得謙虛些，真正去尊重別人的想法，避免發生任何不必要爭執。動輒與人爭論只會讓自己越來越惹人厭，久而久之，自然被淘汰出局。

為了給自己創造一個更好的生活及工作環境，聰明人都善於退讓，在關鍵時刻充當「愚者」，不輕易顯露才能，化主動為被動，虛心聆聽他人的意見或建議，取長處彌補不足，把自身修飾得更加完美。

這樣一來，不但尊重了別人，還完善了自己。得了便宜又賣乖，一舉兩得，何樂而不為呢？

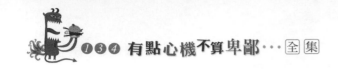

小事多糊塗，大事不含糊

在小事上不妨糊塗些，真正遇到大事則保持清醒的頭腦，於關鍵時刻表現出大智慧。

人一生可能經歷的事情太多了，數也數不完，如果事事都要認真盤算，勢必會使自己筋疲力盡。

所以，對那些無關緊要的小事，不妨糊塗些，得過且過即可。

做到該清醒時清醒，該糊塗時糊塗，是再好不過的事情。許多時候，看似糊塗度日，不失為一件樂事。

當然，遇到大事就不能糊塗了，這點差異必須分清楚。

魯迅曾專門為文揭示了「難得糊塗」的真正涵義，他說：「糊塗主義本來就是一種高尚道德，你說它是解脫、達觀，也未必正確，其實是在固執著什麼，堅持著什麼。」

正如魯迅所說的「在堅持著什麼」，糊塗的人實際上再清醒不過，之所以「糊塗」，是因為將世事看得太明白、太清楚、太透徹，最後乾脆裝糊塗，放下包袱，輕鬆、瀟灑一回。

說起來容易，做起來難，能夠「糊塗」的人非常有限，因為人難達到超然境界。生活包袱已經極重，思想還要被芝麻綠豆大的小事情纏繞，多麼辛苦哪！「小事多糊塗，大事不含糊」，這句話實在值得所有人謹記。

　　糊塗看世界，留一半清醒，留一半醉。在觀察社會、待人處世時，對一些不打緊的事情糊塗處之，涉及至關重要的原則性問題則清醒對待。該糊塗時糊塗，該聰明時聰明，不喪失原則和人格。

　　如果能做到如彌勒佛那樣，「笑天下可笑之人，容天下難容之事」，說明你已經進入了忘我的境界，算是成功了。

　　縱觀古今，達到這種境界、擁有這種智慧的人，當然並不在少數，晉代的裴遐就是其中之一。

　　有一次，裴遐到東平將軍周馥的家裡作客，周馥命家人設宴款待，司馬負責勸酒。由於裴遐與人下圍棋，正在興頭上，沒有及時喝下遞過來的酒，為此司馬非常生氣，以為裴遐故意怠慢，便順手拖了裴遐一下。

　　不料，裴遐因沒有留意而被拖倒在地，氣氛頓時變得非常尷尬，所有人都嚇了一跳，以為裴遐會因難忍羞辱而對司馬發怒。

　　想不到裴遐慢條斯理地爬起來，舉止不變，表情安詳，然後便好像什麼事情都沒有發生過一樣，繼續與人下棋。

　　後來，王衍問起裴遐，當時為什麼還能鎮定自如，裴遐回答說：「因為我當時很糊塗。」

　　現在，我們將視線從古人身上拉回，轉移到現實生活中，來看看另一個常見的相反的例證。

　　有一次，許多老人圍在一起下棋、觀棋。其中兩位老人，因為一步棋而爭得面紅耳赤，雙方互不相讓，一個罵對方手腳不乾淨，另一個罵對方是卑鄙小人，罵得不過癮，甚至還動了手，結果不歡而散。

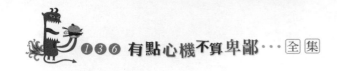

　　從此以後，有多年交情的兩方成了仇人，非但再也不一起下棋，見了面還吹鬍子瞪眼，口出惡言。

　　之所以因為一步棋賠上友誼，就在於不懂得糊塗的真諦。

　　人際交往過程中，沒必要事事計較。小事上糊塗一些，別太在意，這樣一來，不但可以增加彼此的信任，還可以強化感情，加快相互交往、理解的速度。

　　在小事上不妨糊塗些，真正遇到大事則千萬保持清醒的頭腦，於關鍵時刻表現出大智慧。

意氣用事，吃虧的必定是自己

 以忍耐態度應對不利局面，不僅能夠幫助你能在人前「賣乖」，更能在人後不動聲色地佔盡「便宜」。

有句諺語「忍一時，風平浪靜；退一步，海闊天空」，就是要人們處於特殊情況下時，不一味地莽撞行事，而要審慎的分析時局，做出忍讓決策，透析以退爲進的大道理。

忍耐是大智慧的展現，一種高明的生存智慧。歷史上，大凡有智慧的成功者，在面臨危險時，都能從大局考慮，以忍化解險情，求得生存，然後再伺機而動，取得勝利。

越王勾踐忍辱負重，最終報仇雪恥，就是鮮明的一例。

當時，勾踐是越國國君，而吳王夫差剛好繼位。爲了替父報仇，夫差立志使吳國強大起來，蓄勢向越進攻。

兩年的精心準備後，吳王在大將伍子胥、副將伯嚭的幫助下，發起進攻，一舉打敗了越國。

勾踐走投無路，對自己目前的狀況非常清楚，心知要想日後復仇，就必須把心思僞裝起來，在吳王的腳下忍辱負重、偷生苟活，否則，不要說東山再起，恐怕連命都保不住。

因此，他透過伯嚭與夫差達成了和議，保住性命，條件是自己和妻子要到吳國當奴僕，隨行的還有大夫范蠡。

　　為了替父報仇，夫差對勾踐百般羞辱，令他們在父親的墳旁養馬。主僕三人過著極惡劣的日子，吃的是粗茶淡飯、穿的是粗布單衣，住的是一座冬天如冰窟、夏天似蒸籠的破爛石屋，每天都一身土、兩手糞，這樣的艱苦生活持續了三年。

　　為了羞辱勾踐，夫差出門坐車時，總是要勾踐在車前為他領馬。從人群中走過，必會遭到他人的譏笑：「看！堂堂一國之君現在淪落成馬夫，這樣還有臉活著啊？要是我，死了算了。」

　　每每聽到這樣的譏笑，雖然心裡在滴血，勾踐臉上仍然保持笑容，裝作毫不在意的樣子。

　　他知道，若不能將所有的情緒偽裝好，東山再起的心思就會被夫差識破，到時候要忍受的就不只這些了。

　　一次，夫差病了，勾踐為了表達自己的忠心，在伯嚭的引薦下前去探望。待夫差出恭後，勾踐居然親自用口嚐了吳王的糞便，接著恭喜說病即將痊癒，請夫差放寬心。

　　正是因為這個舉動，改變了夫差的看法，扭轉了勾踐的命運。夫差相信勾踐對自己確實忠心耿耿，經過三年的磨難，已經完全放棄了復興越國的想法，便決定將他放了。

　　現實生活中，人們所遇到的困難或挫折，有哪一件能比肩負富國強民的任務更重？又有誰能像勾踐一樣，熬過長達三年近乎於殘忍的羞辱？這絕對是一般人無法做到的事情。

　　綜觀這個時期的勾踐，幾乎可以用「順從」來形容。他之所以願意這樣做，無非是為了儘快回到越國的國土，捲土重來。

　　忍，是一種為自己討得便宜的另類方法。

　　受到根深蒂固的認知影響，人們的內心深處，早已經為英雄下了一個定義，認為大丈夫就應該具備「士可殺不可辱」、「寧

為玉碎，不為瓦全」的豪情，只有這樣才不愧人們的稱讚，而那些忍辱負重的人，則全部被扣上了懦弱無能的帽子。

事實上，忍耐可以因為動機與目的不同，分為幾種類型。毫無原則的一味忍讓，確實是懦弱無能的表現，但若出於「留得青山在，不怕沒柴燒」的考量，則是一種聰明的做法。

與勾踐形成鮮明對比的，是一直被稱為英雄的西楚霸王項羽，細思他的結局，能給我們相當深刻的啓示。

當時，烏江岸邊，亭長誠摯地招呼他說：「江東雖小，但足可夠大王稱霸，請大王速速過江。」

可惜，項羽自視太高，根本聽不進去烏江亭長的勸說，最後自刎於烏江岸邊，為一生霸業寫下淒涼結局。

假若項羽當時願意忍耐，聽從烏江亭長的勸說過江，之後必定會有另一番景象。誰說反敗為勝絕不可能發生呢？說不定歷史將完全改寫。

寧為玉碎雖然是做人的一種原則，忍辱負重更是為人處世的一種智謀。勾踐成功復國，絕大部分原因取決於他能忍。當然，忍要有一定的限度，不可流於懦弱。

以忍耐態度應對不利局面是高明的辦法，不僅能幫助你能在人前「賣乖」，更能在人後不動聲色地佔盡「便宜」。

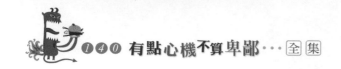

請把花環戴在別人頭上

> 能在關鍵時刻與人分享甚至大方讓出榮譽的
> 人,無論處在任何局勢下,都能全身而退,有
> 個好結局。

　　任何人都不希望自己辛苦半天得到的成績被他人搶走,但在
與他人打交道時,尤其當面對著職位高過自己的人,眼光要放遠、
腦筋更要放聰明,不要死守著榮譽不放手。

　　不妨學得精明些,把花環戴在職位比你高的人頭上,這麼做
雖然免不了得犧牲自己的榮耀,卻可以從險惡環境中全身而退,
謀求往後更好的發展。

　　人的通病是,一旦小有成就,便不免為自己的成功感到興奮,
貪功的想法自然產生。

　　可是,不知你有沒有想過,雖然得到了功勞,但之後等待著
你的會是什麼呢?恐怕是意想不到的攻擊與麻煩吧!

　　聰明人懂得在關鍵時刻將「花環」戴在別人頭上,即使自己
心裡有一千個、一萬個的不願意,也會巧妙地隱藏起所有怨恨不
滿情緒,大方地將榮耀交到別人手上。

　　接受榮耀的人自然會記得這份人情,並在日後有需要的時候
助對方一臂之力,就算不能伸出援手,至少不會落井下石。

　　由此看來,把花環戴在別人頭上,不但不吃虧,反而佔便宜。

　　現實環境中普遍存在著一種情況,叫作「功高震主」,輕則

招致別人的怨恨，重則惹來不可預知的禍患。

對此，你是否懂得避免？

自古以來，聰明人就很注意這一點，不論做任何事，都謹守自己的本分，絕不獨霸榮譽，避免太出鋒頭。能在關鍵時刻與人分享甚至大方讓出榮譽的人，無論處在任何局勢下，都能全身而退，有個好結局。

同樣的，對那些可能損及別人名譽的事，主動承擔一些，引咎自責。具備這種涵養的人，才算是懂得做人。

漢代名臣晁錯自認才智超群，朝廷中的大臣遠遠不及，因此屢次向文帝暗示願意擔任佐命，想讓文帝將處理國家大事的權力全部交給自己。晁錯的這一行為，正是功高震主的表現。

提起韓信，無人不知，他雖是漢朝開國元勳，下場卻悲慘至極，歸根究柢，最大原因就是沒有及時地將功勞放在別人頭上，導致功高震主，最終以淒涼結局收場。

身處職場中，想要保全自己，必須謹記以下幾點：

● **遵守規定**

歷史已經證明，遵守法規是自我保全最有效的方法。

司馬遷在《史記‧循吏列傳》中提出的循吏，正是遵循法規的意思。能嚴守法規依此行事者，才是識大體的人。

後來，人們將「循」解釋為慈愛、仁厚、和善、愉快，認為能夠用仁義治理國家的官員才稱得上「循吏」，實在大錯特錯。

遵守法令，嚴格地約束自己，就是自保的好方法。

● **公私分明**

公私分明的意思是告訴我們，千萬不要將個人利益與工作混

淆，換句話說，就是不要以權謀私。一旦把私利加入到公事中，便很容易惹禍上身，招來不必要的麻煩。

● 功成身退

不要居功自傲，要懂得謙讓。功成名就時，適當地分出一些榮耀給其他人，免得遭受他人嫉恨，不得善終。

以上三點不但適用於官場，更適用於一般職場，尤其是與同事、上級的互動中，都應該懂得並發揮這些道理。如此，進一步可謀求發展的機會，退一步則可保障自身安全。

在複雜的人際交往中，適時、及時地把花環戴在他人頭上，無疑是明哲保身的最好方法。

巧妙對人示弱，佔得便宜更多

 要想讓他人放鬆對自己的警惕，不妨巧妙地、不露痕跡地暴露出某些無關痛癢的缺點，出點小洋相。

思想家盧梭曾經寫道：「禽獸根據本能決定取捨，人類則通過算計來決定取捨。」

想在這個爾虞我詐的社會生存下去，無論如何，都必須具備一些心機，否則就容易遭到各種「病毒」攻擊，讓自己陷入危機。就算再有能力的人，也要具備一些保護自己不受傷害的心機，更要懂得把心機用在正確的時機。

事業上的成功者、生活中的幸運兒，遭人嫉妒在所難免。若一時無法消除心理誤會，不妨表現出適當的示弱態度，將威脅減到最低程度。

示弱能使處境不如自己的人保持心理平衡，有利於交際。

地位高的人在地位低的人面前，可以展示過往的奮鬥過程，表明自己其實也是個平凡人。

成功的人可以在別人面前多說曾經遭遇的失敗、現實的煩惱，給人「成功得之不易」的感覺。

對眼下經濟狀況不如自己的人，最好適當訴說自己的苦衷，諸如健康狀況欠佳、子女不聽話，或者工作中遭遇了諸多困難，讓對方感到「家家都有一本難念的經」。

某些專業上有一技之長的人，最好宣稱根本對其他領域一竅不通，坦承自己日常生活中如何鬧過笑話、受過窘等。

至於完全因客觀條件或偶然機遇僥倖獲得名利的人，更應該直言不諱地承認自己是「瞎貓碰上死老鼠」。這樣一來，不但可以消除他人心中嫉妒，還能夠籠絡人心，贏得同情。

示弱時，可以推心置腹地私下交談，也可以在大庭廣眾之下，故意訴己之短，說他人之長。

示弱，更要表現在行動上。若你在事業上已處於有利地位，獲得了一定的成功，在其他小事情上，即使完全有條件和別人競爭，也該儘量迴避退讓。對小名小利不妨淡薄些、疏遠些，因為先前的成功已經讓你成了某些人嫉妒的目標，萬萬不可再為一點微名小利惹火上身。

曾有一位記者去拜訪一位政治家，表面上是採訪，實際上想藉機獲得有關對方的一些醜聞資料。

然而，還來不及開口寒暄，政治家就先擺出親切的笑容說：「放輕鬆些，時間還長得很，我們可以慢慢談。」

可以想見，記者對此大感意外。

不多時，僕人將咖啡端上桌來，這位政治家端起喝了一口，立即大嚷道：「喔！好燙！」咖啡杯隨之掉落在地。

等僕人收拾好後，政治家又把香煙倒著插入嘴中，從濾嘴處點火。記者見狀趕忙提醒：「先生，您拿反了。」

政治家聽到這話之後，慌忙將香煙拿正，不料卻失手將煙灰缸給碰翻在地。

平時趾高氣揚的政治家出了一連串洋相，使記者大感意外，

不知不覺中，原來的挑戰情緒消失了，甚至產生一種莫名的親近感。理所當然，事後寫出來的報導因此友善了許多。

他所不知的是，這整個過程，其實全是政治家一手安排的。

當人們發現傑出的權威人物也有許多弱點，過去抱有的恐懼感和怨恨就會相應消失，且由於同情心的驅使，甚至還會產生某種程度的親密感。

要想讓他人放鬆對自己的警惕，進而贏得好感，不妨巧妙地、不露痕跡地暴露出某些無關痛癢的缺點，出點小洋相，表明自己並不是一個高高在上、十全十美的人，如此必定能使人降低戒心，不存心與你為敵。

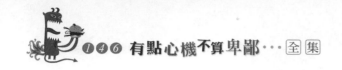

適可而止，趕盡殺絕非好事

處世過程中，要適可而止，別趕盡殺絕，千萬不要把事情做絕，斷了自己的後路。

　　遇事計較、窮追不捨，並不是做人應掌握的正確道理，這麼做，於人於己，都沒有任何好處。

　　聰明人在爭取個人利益時，從不把對手趕盡殺絕，相反的，他們更知道凡事要適可而止。

　　現實生活中，許多人說話、做事都喜歡趕盡殺絕，不給別人留餘地，以此來顯示自己的「本事」，如此一來，原本和諧的場面必定被搞得烏煙瘴氣，使對方陷入尷尬中。

　　其實，要想應付這樣的人，就要讓他親自感受一下陷入尷尬局面的滋味。一旦他體會到其中的辛辣，往後再遇類似的情事時，自然更能做到站在對方的立場上，替別人考慮了。

　　人一旦處於窘困狀態，不僅僅會用氣來懲罰別人，也會懲罰自己，氣自己的無能，懷疑自己生存的價值和意義。一旦這種心理產生，就會將人的情緒打入低谷，萌生強烈的挫折感和失落感。

　　如果你曾經體會過這種滋味，就應當用一顆慈悲的心，設身處地地為對方想一想。如果你的能力、財力等各個方面都要強於對方，完全有能力收拾對方，這時，你更應該偃旗息鼓、適可而止。

以強欺弱，並不是光彩的行為，即使成功把對方趕盡殺絕，在別人眼中你也不是個勝利者，而是一個無情無義之徒。

如果你根本沒有取勝的把握，還一意孤行想把對方趕盡殺絕，無形中相當於拿雞蛋往石頭上碰，毫無意義可言。

這時，無論是強的一方，還是弱的一方，都應該權衡利弊，適可而止，別再以牙還牙，不然只會為自己再樹立一個敵人。

怎樣才能做到適可而止呢？

● 給對方一個台階下

所謂冤家宜解不宜結，解決問題最好的方法，就是給對方一個台階下，讓他忘記你的仇，記住你的恩情。

求人辦事難免會有吃虧受氣的時候，當受了氣，你不妨把注意力轉移到解決問題的對策上。切記，不要停留在與人鬥氣上。

與人鬥氣，百害而無一利，鬥不鬥得過對方姑且不論，還浪費了不少時間和精力，可是對解決問題卻沒有任何好處。因此，在遇事後，必須改變一下思維模式，另闢蹊徑，尋找解決問題的更好辦法。

問題解決後，你所受的氣自然會消失得無影無蹤，這時候你還不解氣，讓那個氣你的人陷入尷尬境地，那就顯得太不會為人了，何不就此了事，適可而止，豈不是更好？

這次人家給你氣受，你便將對方趕盡殺絕，說不定風水輪流轉，不知將來什麼時候你又會有求於他。如果對方記你的仇，那你不但事情辦不成，還會受更大的氣。相反，如果你能適當給他一個台階下，他還會感念你的恩情，下一次求他辦事時也會更加為你賣力。

兩相權衡，哪一種做法較好，聰明人都知道。

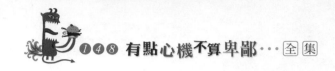

● **別把事情做絕，化敵為友最好**

有些人受了氣後，會產生報復心理，尋找報復機會。這種心理絕對要杜絕，因為說不定哪天你還要有求於那個人。

相反的，如果一個人完全有能力收拾對手，但卻放棄了這個天然優勢，從另外一個角度巧妙地應用了這一優勢，以一種大度寬容的方式對待對方，以此換得對方的感激，豈不是更加明智嗎？

這樣，不但排除了樹敵的可能性，還有可能多一個好朋友。

朋友多了路好走，社會實力就會強大，也可以提高自己的影響力，對於矛盾的雙方而言，這樣的結局無疑最為理想。處世過程中，要適可而止，別趕盡殺絕，千萬不要把事情做絕，斷了自己的後路。

PART 7

見好就收，別逼人無路可走

做人不要做絕，說話不要說盡，

凡事留有餘地，為自己留條後路。

特別是在利弊面前，更應該見好就收。

說服，絕非不可能任務

善用技巧，把話說到對方心裡，說服力必定會
提高，要想在互動中佔得便宜，自然不再是不
可能任務。

　　常常遇到這樣一種情況：你在與別人爭論某個問題時，分明
自己的觀點是正確的，但就是不能說服對方，甚至還被對方「駁」
得啞口無言。

　　這是什麼原因呢？

　　心理學家認為，要爭取別人贊同自己，僅觀點正確還不夠，
更要掌握一些說話的技巧。在日常交談中，掌握說服別人的技巧
至關重要，是支持你邁向成功的必備條件。

　　說服別人，要以理服人、以德服人、以情服人、以禮服人。

　　說服別人要有耐心，更要懂得方法和技巧。說服不能靠勢力、
權力去強壓人，更不能靠投機、欺騙手段，否則，別人充其量只
會口服，但內心不服，就不會達到說服的目的。

　　說服別人之前，先要說服自己，並且應當入情入理。如果強
詞奪理，只會讓人產生對你的厭惡。

　　以下，是說服人的幾大法則：

　　● 以退為進，調節氣氛

　　首先，應該設法調節談話的氣氛。

　　如果你察言觀色，用提問的方式代替命令，並給人以維護自尊和榮譽的機會，氣氛就是友好而和諧的，說服也就自然而然地成功了。反之，在說服時不尊重他人，擺出一副盛氣凌人的態度，那麼說服就很難收到功效。

　　人人都有自尊心，誰都不希望自己任他人支配。

　　有一位中學老師，非常善於調節氣氛來說服自己的學生。一日，學校安排各班級學生參加平整操場的勞動服務，大家都很努力，只有這個班的學生躲在陰涼處偷懶，老師無論如何說都無濟於事。

　　後來，老師想到一個以退為進的辦法，問學生：「我知道你們並不是怕累，而是怕熱吧？」

　　學生們一聽，自然不願承認懶惰，於是七嘴八舌地說，確實是因為天氣太熱了。老師接著又說：「既然是這樣，我們就等晚一點再弄，現在先輕鬆一下吧！」

　　學生一聽就高興了，老師為了使氣氛更熱烈一些，還買了幾十支雪糕讓大家解暑。在說說笑笑的玩樂氣氛中，學生接受了老師的說服，不久之後便開始認真地清掃整理起來。

● 善意威脅，以剛制剛

　　很多人都知道用威脅的方法可以增強說服力，卻不會運用，說穿了，關鍵是要「合理」。

　　運用善意威脅可以使對方產生恐懼感，從而達到說服目的。

　　一次活動中，領隊領著所有團員來到偏僻的鄉下，風塵僕僕地趕到事先預定的旅館，卻被告知當晚由於某方面原因，原來訂

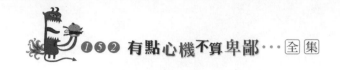

好的套房沒有熱水。

　　為了解決此事，領隊只好去找旅館經理。

　　領隊：「對不起，這麼晚了還把您請出來。天氣這麼冷，大家都很累了，不洗個熱水澡怎麼行呢？何況我們預定時說好要供應熱水的，這狀況只有請您來解決了。」

　　經理：「這我也沒有辦法，鍋爐工回家去了，沒有人放水、燒水。我已叫其他員工開了公共大浴室，你們可以到那裡去洗。」

　　領隊：「是的，我們大家可以到公共浴室去洗澡，不過話要講清楚，付了套房的錢，卻得到這種等級的服務，你們只能收通舖的價錢，其餘必須按照標準退費。」

　　經理：「那不行。」

　　領隊：「您不願退費，唯一的辦法就是供應套房熱水。」

　　經理：「我沒有辦法。」

　　領隊：「不，您一定有辦法！」

　　經理：「你說，有什麼辦法？」

　　領隊：「您有兩個選擇，一是把鍋爐工找回來，二是您親自出馬，燒好熱水，然後再拎到每一個房間去，並且賠罪。當然，我會配合您，勸所有團員耐心等待。」

　　交涉的結果，旅館經理被領隊的威脅所說服，派人找回了鍋爐工。四十分鐘後，每間套房的浴室都有了熱水。

　　儘管威脅能夠增強說服力，但在具體運用時，要注意以下幾點：態度友善、講清後果並說明道理、威脅程度不要太過分。

　　不能遵守，極有可能會弄巧成拙，使對方惱羞成怒，達不到說服目的。

● 消除防範，以情感化

這種方法，用在你和要說服的對象較量時。

此時，彼此都會產生一種防範心理，尤其是在危急關頭。要想使說服成功，就要注意消除對方的防範心理。

從潛意識來說，防範心理的產生，是一種自我保護，也就是當人們把對方當成假想敵時，產生的自衛心理。消除防範心理的最有效方法，就是反覆給對方一些暗示，表明自己是朋友，絕非敵人。

暗示可以採用種種方法來進行，例如主動噓寒問暖、給予關心、表示願意給予幫助等等。

有一個計程車司機，把一名男性乘客送到指定地點時，對方突然掏出尖刀逼他把錢都交出來。他裝作害怕的樣子，交給歹徒一千多元，說：「今天我就賺這麼一點，我還有一把零錢，也給你吧！」說完又拿出一大堆零錢來。

見司機如此爽快，歹徒有些迷惑。司機見自己似乎軟化了對方的心，便又接著問：「你要去哪裡？說個大概的地點，我送你回家吧！」

見對方不反抗，歹徒便把刀收了起來，讓他送自己到火車站去。

趁氣氛緩和下來，司機開始啟發歹徒說：「我家裡經濟狀況原來也非常困難，我又沒啥本事，後來就跟人家學開車。幹起這一行來，雖然真的賺不多，但也還過得下去，至少自食其力，心安理得嘛！」

歹徒沉默不語，司機繼續道：「男子漢四肢健全，只要有心，什麼不能做？你想清楚了，走上這條路，哪天一失手，一輩子可

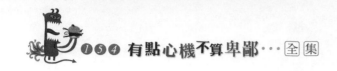

就毀了。」

　　火車站到了，見歹徒要下車，司機又說：「我的錢就算幫助你的，用它做點正事，想想我說的話，以後自食其力吧！」

　　一直不說話的歹徒聽完，突然哭了，把鈔票往司機手裡一塞說：「大哥，我知道錯了，真對不起！」說完，開了車門就跑。

　　在這個事例中，司機正是運用了消除防範心理的技巧，最終達到了說服的目的，自己也沒有遭受任何損失。

　　善用技巧，把話說到對方心裡，說服力必定會相對提高，要想在互動中佔得便宜，自然不再是不可能任務。

做不到就別輕率誇口辦到

 做不到的事情千萬別輕率承諾，切忌把話說得太滿。無論如何，請給自己留條後路。

給人方便，自己方便。

做人不要做絕，做事要留後路。

如果做人做得太絕，即便是遇到兇險也不會有人憐惜，大家會認為你是咎由自取、自作自受。這樣一來，無形中把自己逼進了死胡同，不要說出路了，恐怕連退路都沒有。

一般來講，承諾有兩種情況：一種是自覺的承諾，明確地答覆他人，應允請求之事；一種是不自覺地承諾，就是自己本來並未應允，但在別人看來，已經等同於應允。

在應酬中輕易承諾，很容易陷入被動局面，所以承諾別人之前要掂量一下自己的分量，根據自身能力答應合理的請求。

法國皇帝拿破崙曾說過一句話：「**我從不輕易承諾，因為承諾會變成不可自拔的錯誤。**」

例如，朋友託你辦一件事，而這件事在你看來可以辦或可以不辦，或介乎兩者之間。

你可應允辦理，這叫自覺承諾，你也可能會說「讓我想一想」，這叫不自覺承諾。但在人家看來，會以為你已經答應了，這就會引來麻煩。

在一個十字路口，有一棵枝繁葉茂的大樹。

某天，一位老人正坐在樹下閉目歇息，突然一個年輕人飛奔到面前，驚慌地哀求老人救他，說有人誤以爲他是小偷，偷了人家的東西，正帶領一幫人追捕，要剁掉他的雙手。

說罷，年輕人縱身爬到大樹上躲了起來，並再一次要求老人不要告訴追捕他的人，自己正躲在樹上。

老人看年輕人長相不像小偷，便回答：「讓我想一想。」

就因爲老人這句不自覺的承諾，年輕人放下心來。

不一會兒，追捕的人趕到大樹下，問老人：「你有沒有見到一個年輕人從這裡跑過去？」

老人曾發過誓，絕不講假話，便回道：「見過。」

追捕的人又問：「他往哪裡跑了？」

老人舉手朝樹上指了指，年輕人立刻被人拖下來，剁掉了雙手。年輕人爲此大罵老人違背了先前的承諾，竟然出賣他，但在老人看來，自己根本沒有做下任何承諾。

人人都喜歡「言出必行」的人，也因此，很少用寬容的尺度去諒解一個人不能履行某一件事的原因。

難道不是嗎？我們必定經常在應酬中聽到某位朋友說，某某人分明答應爲我做一件事，最後卻食言了。

仔細地想一想那位朋友的話，雖然某某人曾經答應過他，但那很可能只是表面上的應付，或者事情根本就不可能辦到。

其實，恐怕連抱怨者本身也心知肚明，自己所託之事有些強人所難，但他絕對會責備別人，而不是責備自己。

如不細想，任何人聽了，都會同樣覺得某某人不對，因爲到

了這種時候，誰還會顧及當初那位某某人的允諾，究竟是自覺或不自覺呢！

　　必定有人會問：「當著朋友的面，對朋友提出的請求自然非應允不可，但這要求我根本就辦不到，該怎麼辦才好？」

　　對此，一位日本人際學家告訴我們：「我們在傾聽別人表達和請求完畢後，若覺得自己不願答應或無法做到，不妨輕輕地搖頭，不必強烈地表示出拒絕的態度。」

　　這就是說，不需要用傷害感情的強烈言辭去拒絕，只要輕輕搖一下頭，把自己的意思含蓄地表達出來就可以了。

　　答應幫別人辦事，固然可以體現你的熱心，可是，如果你承諾了別人但自身能力有限，無法讓承諾兌現，別人將會認為你言而無信，久而久之，在他人面前就失去了信譽。

　　為了自身的名聲、人際關係著想，想開口承諾別人的時候，必須先衡量自己能不能辦到。

　　做不到的事情千萬別輕率向人承諾，切忌把話說得太滿。無論如何，請給自己留條後路。

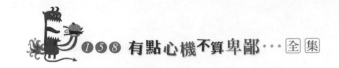

掌握正確方式，更快達到共識

遇到說服他人的情況，首先要動腦子，管住嘴巴。選擇最好的方式、語言去解決問題，能既得便宜，又賣乖。

說服他人，不一定要用權勢去壓人，也沒有必要用生硬的態度加以強迫，只要你能將話說得恰到好處，說服別人就不是一件難事。

● 投其所好，以心換心

說服別人時，站在他人的立場上分析問題，會給人一種為他著想的感覺。這種投其所好的技巧，多具有極強的說服力。

要做到這一點，最重要的是「知己知彼」。先知彼，而後才能從對方的立場上考慮問題，從而說服他人。

有一家精密機械工廠，在生產某項新產品時，將部分零件委託另一小廠製造，不料當小廠將零件的半成品呈示總廠時，竟全部不合要求。

由於時間緊迫，又是重要生意，總廠負責人只得要求小廠儘快重新製造，但小廠負責人認為己方已經完全按總廠的規格製造，不想再重頭來過，雙方僵持了許久。

總廠廠長見了這局面，問明原委後，便笑著對小廠負責人說：

「我想這件事完全是由於公司方面設計不周所致，實在抱歉。今天，幸好是由於你們幫忙，才讓我們發現竟然有這樣的缺點。只是事到如今，事情總是要完成的，請你們將它製造得更完美一點，這樣對你我雙方都有好處。」

那位小廠負責人聽完，一改態度，欣然應允。

小廠負責人之所以被說服，就在於能夠站在被說服者的立場上去考慮，維護了對方的自尊。

● 尋求一致，以短補長

習慣於頑固拒絕他人說服的人，總處於說「不」的心理狀態之中，所以經常呈現出僵硬的表情和姿勢。

對付這種人，如果一開始就提出問題，很難打破他說「不」的心理。因此，你得努力尋找雙方之間的共通點，先讓對方贊同你遠離主題的意見，從而對你的話感興趣，然後再想法將觀點引入話題，最終達到真正目的，使對方接受意見。

一個小夥子愛上了一個漂亮的女孩，但由於他長得其貌不揚，女孩始終不為所動，根本不肯以正眼看他。

這天，小夥子找到女孩，鼓足了勇氣問：「妳相信姻緣天註定嗎？」

女孩有些訝異他會問這個問題，眼睛盯著天花板想了一下，答了一句：「算是相信吧！」

小夥子立即說：「我聽說，每個男孩出生之前，上帝便會告訴他，將來你要娶的是哪一個女孩。所以我出生的時候，未來的新娘便已經配給我了，上帝還告訴我，我的新娘長得很醜。」

「我當時一聽，就向上帝懇求：『上帝啊！那對她來說實在

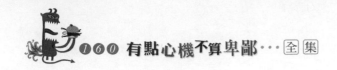

太殘忍了，求你把醜陋的容貌賜給我，將美貌留給我的新娘。』」

女孩被這番話感動了，決定接受這個小夥子，和他交往。

說服他人要從關鍵入手，這就要求了解對方，知道對方的長短。當然，最重要的還是得會說話。

與人相處時，遇到要說服他人的情況，首先要做的就是動腦子，管住嘴巴，避免在沒有搞清楚狀況之前亂講話。選擇最好的說服方式、語言去解決問題，自然能既得便宜又賣乖。

別做吃力不討好的事

 越權容易為自己招惹不必要的麻煩。想要安身立命，必須要意識到這一點，絕對不做費力不討好的事情。

事不出位，意思是說話辦事不要超越自己的名分和地位，該說什麼、該做什麼，不該說什麼、不該做什麼，都必須以職責為限。行事謹慎穩重，不要賣弄，防止惹火燒身。

如此一來，進可賣乖、佔便宜，退可保自身平安，萬無一失，是最保險的處世之道。

李勣是唐代初年的大將，原名徐世勣，參加過瓦崗軍，失敗後投奔唐朝，任右武候大將軍，封曹國公，賜姓李，為避唐太宗李世民之諱而改名勣。

唐高宗李治即位後，李勣任司空，為人機巧，行事謹慎。

當時，高宗李治想廢掉王皇后，另立武則天為后，便向大臣們徵求意見。

尚書右僕射褚遂良說：「王皇后是世家之女，乃先帝為陛下所娶，先帝臨終前拉住陛下的手對大臣們說：『我的好兒子、好媳婦，現在託付給你們了。』陛下聽到過這話，至今如在耳畔，王皇后並沒有什麼過錯，怎麼能輕易將她廢除？」

「陛下如果一定要另立皇后，懇請從天下的望族中挑選，何

必非要選武氏不可？武氏曾經跟隨過先帝，這是眾所周知的，天下眾人的耳目，怎麼能夠遮擋得住啊？」

韓瑗、來濟也上書，力主不選武則天，但高宗聽不進去。

高宗問李勣的看法，李勣生性聰明機伶，心想若在這個關鍵時刻，超越自己本分發表意見，可能招來殺身之禍。

廢立皇后，無論成功與否，都與性命攸關。同意廢除王皇后，要是不成功，必將得罪王皇后；不同意廢除王皇后，如果將來乃是武則天被選為后，無疑於自尋死路。李勣左思右想，乾脆含糊其辭地對高宗說：「這是陛下的家事，有什麼必要問外人呢？」

高宗聽了這話，立即下定決心，將褚遂良降職為潭州都督，馬上廢除王皇后和蕭淑妃，將武則天立為皇后。

武則天當上皇后之後，任用大臣許敬宗，排斥打擊當初不同意擁立她為皇后的大臣，長孫無忌、褚遂良、韓瑗等一批人，或者被貶逐，或者遭誅殺，下場都相當淒慘。

相較之下，李勣卻因為應付巧妙，避免了禍及自身，甚且受到重用，負責審理長孫無忌等人的案子。

李勣懂得不在其位不謀其政的真理，含糊其辭地回答敏感問題，避免了殺身之禍，可謂得了便宜又賣乖的高手。

工作職場中，做好本份就可以了，越權行為容易為自己招惹不必要的麻煩。想要安身立命，必須意識到這一點，絕對不做吃力不討好的事情。

損人又不利己，何必？

 一定要恪守「絕不損人利己」這個原則，這是做人最基本的準則，也是處世順利的一張通行證。

　　具有大智慧的人都有成全他人的美德，絕對不會做損人利己的事情，因為他們明白，損人的事也未必會利己。

　　看到別人取得成績，不要光是豔羨，更不能藉毀壞他人的成果來解自己的嫉妒之氣。要想獲得榮耀，需要腳踏實地付出，一分耕耘、一分收穫，損人利己的事情絕對不能做。

　　如能堅持這一點，與人交往中，你會為自己和他人都留下進退的餘地，這對建立良好的人際關係、增進雙方感情，能產生重要作用。

　　戰國時期，魏國與楚國在交界處設立界亭，兩國亭卒們分別在各自的國土上種植蔬菜。

　　魏亭的亭卒非常勤勞，每天都用心管理田裡的蔬菜，鋤草、澆水、施肥，忙個不停，蔬菜長得又綠又高。相比之下，楚亭的亭卒則十分懶惰，整天只知道睡大覺，不管蔬菜的死活，菜苗長得又瘦又弱。

　　楚亭的人覺得很沒有面子，於是乘一個夜黑風高的晚上，偷跑過去把魏亭的蔬菜全部破壞了。第二天早上，魏亭人發現菜地

被毀，氣得火冒三丈，急忙報告了邊縣縣令宋就，並表示要對楚亭亭卒實施報復。

宋就了解狀況之後勸亭卒們說：「毀壞他人辛苦耕作成果的行為，確實很卑鄙，我們生氣歸生氣，為什麼要反過來去效仿呢？明知別人不對，再跟著學，實在太狹隘了。這樣吧！從今天起，你們竭盡全力去打理他們的蔬菜地，給蔬菜澆水、除草、施肥，不過你們一定要注意，不要讓他們知道。」

魏亭的人認為宋就的話有道理，就照辦了。從此之後，楚亭的菜苗果然一天天地茁壯了起來。楚亭的人覺得很奇怪，仔細觀察才知道，原來每天早上菜地都被人用心澆灌過，而為菜地澆水的，正是魏亭的亭卒。

楚國邊縣縣令得知此事後，對魏人的做法敬佩不已，於是把這件事上報給了楚王。楚王聽說後，贈送重禮給魏王，向魏王道歉，並表示願意與魏國結成友好的鄰邦。

宋就的做法，顯然要比那些亭卒更高明，因為他知道，為長遠的未來著想，損人不利己的事情做不得。

害人必會害己。寬恕別人，等於為自己多留條後路。

日常生活中，處世尚淺的年輕人，對社會上的一切都茫然無知，為人處世更是小心翼翼，左顧右盼，想尋找一個參照物來規範自己、約束自己，以免做出一些不合常禮的事。社會閱歷太少，產生這樣的心理是很正常的，但有時這樣做，會導致南轅北轍的結果。

由於人的身份地位、脾氣秉性都不盡相同，要想找到一個統一的標準供參考，實屬不易，也可說是根本不可能。所以，你其實沒有必要去效仿他人，只要堅守「不做損人利己的事情」，即

可獨善其身。

　　做損人利己的事會讓人討厭，這是無庸置疑的，更何況損害了別人也不一定對自己有利。

　　自私自利之人，往往不能領悟到這一點，毫無顧忌地損害他人的利益，把苦轉嫁到旁人身上，認為這麼做才能保住自身利益。事實上，這種想法大錯特錯，以這種態度處世，走到哪裡都不會受歡迎，既損人又不利己。

　　想給自己留退路，首先要給別人留退路，這是人情味的一種表現。做人要有人情味，真正的強者，都能把握這一點。

　　要做人，就要做個正直的人，損人利己的事情千萬不能做，因為這只能獲得一時的短期利益，從長遠來看沒有半點好處。

　　與人交往，一定要恪守「絕不損人利己」這個原則，這是做人最基本的準則，也是處世順利的一張通行證。

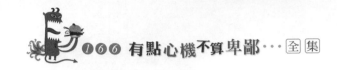

見好就收，別逼人無路可走

做人不要做絕，說話不要說盡，凡事留有餘地，為自己留條後路。特別是在利弊面前，更應該見好就收。

貪婪只會迫使人們走上絕路，見好就收往往能給人們帶來更大的利益，這是最基本的常識。

人生總會面臨無數次的選擇，無數次的爭取與放棄。在爭取與放棄間，必須正確地權衡厲害關係，否則將置自身於進退兩難的境地。

人們常說「做人不要做絕，說話不要說盡」，這話相當有道理。廉頗就因為做人做得太絕，蔑視藺相如，結果落得負荊請罪的下場。鄭莊公也因說話太絕，無奈之下只能遂而見母。

以上兩者，都是前人留下的血淋淋教訓。

常言道「人情留一線，日後好相見」，不管做什麼事，都忌諱走入極端，斷了自己的退路。特別在權衡得失時，務必做到見好就收。

人無千日好，花無百日紅，任何人的際遇都有高潮和低潮。像打牌一樣，一個人不可能總摸到好牌，一般情況下，一副好牌之後，隨之而來的就是壞牌，見好就收才是最大的贏家。

其實，做人正如同打牌，與人相交，不論對待什麼樣的人，

同性知己或者是異性朋友，都要憑著適可而止的心態對待。君子之交淡如水，這是避免勢盡人疏、利盡人散的最好方法。

真正的友誼，並不需要走得多麼親密，往往在平淡的交往中，更能體現出可貴的真感情。

見好就收，凡事留餘地，不光可以運用到利與弊的權衡上，還可以用來闡述退卻與逃跑的道理。當別人的勢力強過自己，而自身尚且沒有因此受到太大損失時，逃跑、退卻是最好的保全方法，留得青山在，不怕沒柴燒。

《三十六計》最後一計是「走為上」，說得通俗一點，就是退卻和逃跑。

當面臨對方強大的壓力，卻無力回天之時，只有三條路可選擇：投降、和談、退卻。

選擇投降，那代表你已經完全、徹底的失敗了，選擇和談則是失敗了一半的象徵。相較之下，逃跑、退卻就不是失敗的表現，而是保全實力、轉為勝利的真正關鍵。

表面看來，逃跑、退卻不是光明磊落的作為，實際卻是最高的戰法，具有切實的可用性，可使人受益無窮。

想要保全自己，並佔得便宜嗎？別忘了「隨退隨進」。所謂隨退隨進，並不是懦弱的象徵，而是生存的大智慧。

蘇東坡在《與程秀才書》中曾講道：「我將自己的全部命運，完全交由老天爺決定，聽其運轉，順流而行。如果遇到低窪就停止下來，這樣不管是行，還是止，都沒有什麼不好。」

蘇東坡這個說法，強調的是人應當順應天意，進退不強求，就好比是大自然的陰晴、月亮的圓缺、四季的更換、天氣的冷暖。

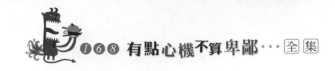

所有美好的事情，都只是人們對美好生活的嚮往，人生在世，有高有低，一帆風順真的太難得。

莊子曾講，窮通皆樂；蘇軾則言，進退自如。不管是莊子的主張，還是蘇東坡的看法，其實都指的是同一種做事的策略。窮通說的是人實際的境況遭遇，進退說的是人主觀的態度、行動。

做人不要做絕，說話不要說盡，凡事留有餘地，為自己留條後路。特別是在利弊面前，更應該見好就收，這是成功者必須掌握的處世之道。

榮耀均分，少惹嫉妒糾紛

 「吃獨食」帶來的後果是很嚴重的，因此在獲
得榮耀時，別忘與其他人共同分享。

與人合作時，抱持「吃獨食」的態度，會引起他人的反感，
反而自斷生路，為下一次的合作製造障礙。

最明智的做法，是與所有合作夥伴一起分享成果，別做得太
絕，把功勞全部搶到自己手裡。

在榮譽面前，正確的對待方式應該是：感謝、分享、謙卑。
與人分享榮耀，是一種美德，也是做人的大智慧。

美國羅伯德家庭用品公司，自成立以來，生產迅速呈直線上
升，每年利潤以十八％至二十％的速度向上增長。究其原因，是
因為公司建立了完善的利潤分享制度。

每到年終總結時，管理者都會把公司在一年中獲得的利潤，
按比率平均分配給每一個員工，這就給旗下員工灌輸了一種思想：
公司獲得的利益越多，自己分到的利潤就越多。因此，每個人都
積極主動，任勞任怨地創造利益，時不時還要為公司的發展提些
意見，指出產品存在的缺點與毛病，設法加以改進。

不管是在與人交際中，還是商業合作中，有福同享、有難同

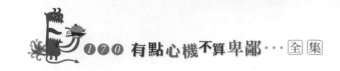

當，是贏得好人緣最直接、有效的方法。

在某一工作崗位上取得一些成績，自然要為之慶祝，不過千萬不要忘記，感到高興的同時，還要考慮一下成績的由來。

如果成績的取得完全依靠自身力量，為自己高興還說得過去，別人也會祝賀你，但是，不要忘了人有「眼紅、嫉妒」的劣根性，所以為了自保，還是需留條後路，把榮耀和大家一同分享，免得自掘墳墓。

要想靠自己的力量取得一定的成績，不是一件容易的事，大部分成績的由來，是依靠他人的幫助，這時你如果只顧自己，就有些「吃獨食」的感覺了。他人也會覺得你好大喜功，懷恨在心，產生不滿，輕則以後斷絕與你合作，重則尋找時機對你施以報復。

獲得成績原本是一件好事，卻由於自己一點小小的貪念，造成嚴重的後果，丟了朋友也毀了名聲，實在划不來。

凡森在一家圖書出版社擔任編輯，為人隨和也很有才氣，平日裡總喜歡與同事開些小玩笑，所以單位上下關係都非常融洽。

舒心的工作氛圍，給凡森創造了許多寫作的機會，閒下來時，他會拿起筆，隨意地寫點什麼。

有一次，他編輯的圖書在評選中獲得了大獎，而且位居銷售排行榜榜首。為此，他感到無比榮耀。大概是開心過了火，他逢人便誇耀自己的圖書獲了大獎，同事們表面上紛紛祝賀，可是一個月之後，他發現工作氛圍變得冷漠許多，平日裡的笑容全部消失了。單位裡的同事，似乎都在刻意地躲避他，甚至刻意和他過不去。

一段時間以後，他終於找到了矛盾衝突的產生根源——自己犯了「吃獨食」的錯誤。

　　一本書可以獲得大獎，身為責編，凡森的功勞自然很大，可那畢竟不是憑一個人的力量完成的，其他人也為此付出不少心血，這份榮耀，所有參與者都應當分得一份。這就是人之常情，在榮耀面前，不會認為某個人的功勞最大，唯一的想法就是「我沒有功勞，也有苦勞」，分得一份乃理所當然。

　　上面這則故事裡，凡森一個人獨佔了所有的榮耀，別人心裡當然不舒服，尤其是他的頂頭上司，心裡還可能產生不安全感，擔心自己的位置不保。以此為戒，當你在工作中取得一定的成績時，別忘了做人的原則，一定不能「吃獨食」，切記大方地與別人一同分享，免得自斷後路。

● 榮耀均分

　　生活中，有些人根本不在乎實質分得的榮譽是多還是少，想要的只是獲得榮譽時的快感。

　　意識到這種心理後，你應主動在口頭上感謝他人的支持與幫助，主動把一部分榮譽交到他人手上。

　　如此一來，別人會認為他在你心目中有個位子，你沒有把他們忘記，在以後的合作中，自然會更盡力地幫助你。

　　與他人一同分享榮譽的方式很多，你可以請大家吃頓飯，輕輕鬆鬆就籠絡了人心，堵住了悠悠之口。

● 懷有感恩的心

　　獲得榮耀後，別忘了感謝同仁的協助，不要認為所有的功勞全部屬於自己一個人，更不可以忘記感謝上司，稱揚他的提拔、指導、授權、支持。

若上司確實給予很大的幫助，你感謝他時更要真誠一些；但如果上司沒有爲你的成功付出任何努力，同仁的協助也十分有限，照理說根本不值得你去道謝，不過，如果你是一個會做人的人，還是該大方地讚美他們。雖然這麼做顯得有些虛僞，卻可以避免使你成爲他人的箭靶。

參加過頒獎儀式，就應該明白，爲什麼很多人上台領獎時，開場的第一句話就是：「我要感謝⋯⋯」，其中的涵義就在於此。

儘管這種感謝只是發自口頭，缺乏「實質」意義，但聽到這些話的人，會感到很舒服，自然沒有空暇再去議論、妒忌。

● 謙卑謹慎

謙虛使人進步，驕傲使人落後，這絕對是真理。

有些人得了榮譽就沾沾自喜，甚至還會得意忘形。雖然愉悅的心情可以理解，卻沒有考慮到他人的感受，別人只好承受著你的氣焰，出於情面又不好說些什麼，因爲你正在風頭上。

久而久之，彼此間的不滿和矛盾越積越深，便會在工作中有意無意地抵制你，讓你碰釘子。所以，獲得榮耀時，必須表現得更加謙卑。別人看到你如此謙卑，自然不會再對你耍小手段。

會做人的人，能以正確的態度對待獲得的榮耀，榮耀越高，對人越客氣，頭越低，而且不會經常地在別人面前提及自己的功勞成果，以避免引起不必要的妒忌，招惹麻煩。

「吃獨食」帶來的後果是很嚴重的，在獲得榮耀時，別忘了大方地與其他人共同分享。去感謝別人、與人分享、謙虛做人，將可有效避免遭到攻擊，爲自己留條能夠全身而退的後路。

否則，免不了自討苦吃、自食苦果。

PART 8

給人下台階，交往更和諧

人際交流互動過程中，遇到令人尷尬的場面時，

別忘了主動釋出善意，為別人留個「台階」。

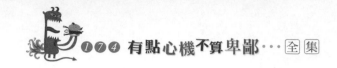

與人為善最划算

 任何想討得便宜、塑造好形象的人，都要懂得一個最基本道理——善待身邊的每一個人。

將心比心、投桃報李，是聰明人都懂得的做人道理。

善待身邊的人，他們必會透過不同的方式回報。會做人的人從來不忘善待身邊的每個人，不會做人的人則只懂善待自己。

生活中絕大多數的人，都喜歡聽到別人的讚揚，從自身地位卑微、一貧如洗，到身世顯赫、腰纏萬貫，無一例外。

聰明人會抓住這種心理，在適當的時機，滿足他人希望被稱讚的願望，以博取好感，達到記得便宜又賣乖的目的。

相較之下，腦筋迂腐、不懂變通的人，即使知道別人需要得到心靈上的滿足，也不願意開口說點好聽話，尤有甚者，還會給人當頭一棒，澆下一盆冷水，打消別人的興奮期待情緒。抱持這種錯誤態度，在人際交往中處處碰壁，實在怪不得任何人。

只要細心觀察就不難發現，時下廣告用語已經抓住了這項人性特質，會在宣傳商品同時不露痕跡地稱讚消費者，例如「聰明的人都會使用」、「想成為人人羨慕的對象就要使用」。

由此可見，聰明的生意人都摸透了人們希望受稱讚的傾向，把它作為一種經營方法，運用到激烈的商戰中。

現實生活中，絕大多數人，都不可能一下子由平庸變成受矚目的傳奇人物，就好像一個普通的職業婦女，絕不可能只因為使用了某種化妝品或穿上某件衣服，便一下子搖身一變為名媛貴婦。

但十分有趣的是，儘管明知自己不會變成貴婦，婦女們仍捨得花大錢購買那些昂貴的商品。

為什麼呢？原因很簡單，因為廣告中透露出的讚美與暗示，使她們的虛榮心得到了滿足。

抓住心理需求，讓他人的願望得到滿足，之後再求對方辦事，他自會為你肝腦塗地、義無反顧。一來一往過程中，你無須付出太多心力，卻能使自己的人氣不斷提升，辦起事來得心應手。

想想，還有比這更「便宜划算」的事情嗎？

明白這個道理之後，我們可以把滿足他人希望得到讚美的願望，當作為人處世中必備的一件致勝法寶。

不過，更進一步來看，怎樣才能將這個法寶應用得活靈活現呢？這是人們急切想知道的問題。

人際交往互動的過程中，一旦有摩擦產生，我們經常可以聽到當事者說出「你算什麼東西」、「你有什麼資格說我」、「你以為你有多了不起」……之類傷人的話。

歸根究柢，敢於說出這種話的原因，是大部分人對似乎無關輕重的「小人物」，根本不放在心上，也不給以應有的尊重。殊不知，「小人物」也有可能在特定的場合、特定的時間成為決定成敗的大將。

任何想討得便宜、塑造好形象的人，都要懂得一個最基本道理——善待身邊的每一個人。

而善待他人的最好方法，就從讚美開始。

強調他人錯誤，對自己沒有好處

有句話說得好：打人莫打臉，傷人莫傷心。做任何事情都有一定的限度，與人交往，切記替對方保全顏面，留個「台階」。

社交活動中，適時地為陷入尷尬境地者提供一個恰當的「台階」，使他免丟面子，是一種高明的交際手腕。

這不僅能使你獲得對方的好感，更有助於樹立良好的社交形象，對日後行事大有好處。

或許你會問，為什麼有必要在公開社交場合特別注意為人留面子，給人留「台階」下呢？

這是因為在社交場合，每個人都被展現在眾人面前，因此格外注重自身形象的塑造，會比平時抱著更為強烈的自尊心和虛榮心。這種心態支配下，人們會因你使他下不了台，產生比平時更為嚴重的反感，甚至與你結下終生怨恨。

同理，他也會因你提供了「台階」，使他保住了面子、維護了自尊心，而對你更為感激，產生更強烈的好感。

這兩種心態的產生，對於彼此日後的交往互動，會產生極為深遠的影響，卻恰恰為不少人所忽略。

下列幾種錯誤行為，將可能陷他人於難堪的境地，必須避免：

• 揭露對方的錯處或隱私

誰都不願自己的錯處或隱私在大眾面前曝光，一旦被「公諸於世」，必定會感到難堪惱怒。

在交際中，如果不是為了某種特殊需要，一般來說，應儘量避免觸及對方所忌諱的敏感區，避免使人當眾出醜。真有必要，可委婉地暗示，製造一點心理壓力即可，但不可過分，一切「點到為止」。

中國大陸廣州某知名大飯店，一位外賓吃完最後一道茶點後，竟順手把精美的景泰藍筷子悄悄「插入」西裝口袋裡。

服務小姐見狀，笑容滿面地迎上前去，雙手捧著裝有一雙景泰藍筷的緞面小盒子，說：「我發現先生在用餐時，對景泰藍筷頗有愛不釋手之意。非常感謝您對這種精細工藝品的賞識，現在，我代表本店，將這雙圖案最為精美、細緻，並且經嚴格消毒處理的景泰藍筷奉上，並按照『最優惠價格』記價，您看好嗎？」

那位外賓也是聰明人，當然明白這段話的弦外之音，聰明地抓住了餐廳給予的「台階」，表示謝意之後，推說自己多喝了兩杯，頭腦有點發暈，誤將筷子插入口袋裡，實在不好意思，避過了尷尬局面。

● 張揚對方的失誤

誰都可能犯下不小心的失誤，比如念了錯別字、講了外行話、記錯了對方的姓名職務、禮節失當等等。

發現他人出現這類情況時，只要無關大局，就不必大加張揚，故意搞得人人皆知，使本來已被忽視了的小過失，一下子變得極為顯眼。

他人出醜時，最忌諱抱著譏諷的態度，以為抓住了難得的「笑

柄」，小題大做，拿人家的失誤在眾人面前取樂。

這麼做或許可以逞一時之快，但後患無窮，不僅使對方感到難堪，傷害他的自尊心，使他對你反感或報復，更不利於你自己的社交形象。

別人會覺得你為人刻薄，並下意識地在今後的交往中對你敬而遠之，產生戒心，無論怎麼看，都相同不划算。

• 讓對方敗得太慘

社交過程中，常會參與一些帶有比賽性、競爭性的活動，比如棋類比賽、乒乓球賽、羽毛球賽等。儘管這些活動本身的目的在連絡感情，但參與者還是會希望獲得勝利，此乃人之常情。

有經驗的聰明人，在自知實力絕對能取勝的情況下，往往會「留一手」，刻意不使對手敗得太慘、太狼狽，做到既不妨礙自己取得勝利，又不使對手輸得太沒面子。

與人相處正像下一盤象棋，只有閱歷不深的初生之犢，才會一口氣贏個七、八盤，對弈者已漲紅了臉、抬不起頭，他還在一個勁地大喊「將軍」。

有句話說得好：打人莫打臉，傷人莫傷心。做任何事情都有一定的限度，一旦傷了人心，就有可能讓你失掉好人緣，成為舉目無親的孤家寡人。

與人交往，切記替對方保全顏面，留個「台階」。

給人下台階，交往更和諧

 人際交流互動過程中，遇到令人尷尬的場面時，別忘了主動釋出善意，為別人留個「台階」。

我們不但要儘量避免因自己的不慎，造成別人下不了台，更要學會在對方可能不好下台時，巧妙且及時地提供一個「台階」。

不過，這個「台階」該如何給，是一門不好拿捏的學問。

若是不懂技巧，很可能會由於方法不當、過於刻意，反而使對方更感尷尬，造成更大傷害。

以下，提供必須注意的幾點：

● **不露聲色**

既能使當事者體面地全身而退，又儘量不使在場的旁人覺察，這才是最巧妙的「台階」。

一位客人在飯店請客，邀了十個人，卻只要三瓶酒。

一般情況下，應該會開五瓶酒才對，飯店女服務員相當有經驗，立刻由此看出請客者的手頭並不太寬裕。

為了維護客人的面子，不使他感到難堪，她決定不露聲色地親自替這一桌客人斟酒，控制速度。

五道菜後，客人們的酒杯裡的酒還滿著。請客的人不僅放下了心中的大石頭，臉上更感光彩，深深感激服務員為自己圓了場，

臨走時誠摯地表示以後還會再來這裡。

試想當時的狀況，服務員想讓這位客人「出洋相」是非常容易的事情，但那樣必定會失去一位主顧，沒有任何好處。

善於交際的人，往往會不動聲色地幫助對方擺脫窘境，不知不覺間深化彼此的情誼，爲以後的長遠發展鋪路。

● 運用幽默語言

幽默是人際交往最有效的潤滑劑，一句幽默語言，能使雙方在笑聲中相互諒解，並感到愉悅。

作家馮驥才在美國居住時，一位朋友帶著兒子到公寓去看他。

想不到他們談話間，那個壯得像牛犢的孩子，竟然爬上馮驥才的床，自顧自地在上面蹦跳起來。

如果直接了當地拉孩子下床來，勢必會使父親產生歉意和不悅，也顯得自己不夠熱情、不夠度量，於是，馮驥才說了一句幽默的話：「請你的兒子回到地球上來吧！」

那位朋友立刻說：「好，我和他商量商量。」

巧妙運用幽默，結果自然是既達到了目的，又顯得風趣。

● 盡可能地為對方挽回面子

當遇到使對方陷入尷尬境地的意外，你在提供一個「台階」的同時，如果還能採取某些妥善措施，及時地爲對方面子上再增添一些光彩，該是最好不過的事情了。

你希望與人爲善，左右逢源，佔盡便宜嗎？

那麼，人際交流互動過程中，遇到令人尷尬的場面時，別忘了主動釋出善意，爲別人留個「台階」。

多讓一步，人生更少險阻

 人生好比行路，總會遇到狹窄難行的關卡。這
種時候，最好停下來，讓別人先行一步。

你認為，一個人最在意、最不容許失去的是什麼？

答案不是金錢，不是愛情，而是自尊。

一個自尊和人格受到損害的人，會為自我保護的心理，做出什麼樣激烈的事情來，根本無法預測。

許多時候，我們本無存心傷人之意，卻可能因為一句無意的話，為自己樹立一個敵人。由此看來，謹言慎行很有必要。

以下這則故事，有相當大的思考空間，相信能給你一些啟示。

小麗是位自尊心很強的女孩，卻不幸跟幾位「沒教養」的人當了同事。這些人舉止隨便、輕浮，小麗很看不慣。

一次，正下著雨，一位女同事想出去買東西，拎起小麗的傘就走。小麗十分不高興，心想：怎麼招呼也不打就用別人的東西呢？未免太欺負人，太不懂禮貌了！

於是，她勉強忍住氣說：「妳拿錯傘了吧？」

想不到對方大剌剌地回答：「我忘了帶傘，借妳的用一下。」

「妳好像沒跟我說『借』字吧！」

「哎喲！大家都是同事，還用得著說『借』嗎？我的東西還

不是放在那裡，誰愛用就用。」

小麗板起臉孔，冷冷地說道：「那是妳，不是我。要用我的東西就得說『借』，我不同意，誰也不准拿！」

沒想到，從這件小事發生之後，小麗的處境便有了很大的改變，那幾位同事再也不理她，連工作上的合作都不願意。

不知情的上司以為是小麗的問題，經常提醒她注意經營人際關係，不要造成大家的困擾，根本不聽她的解釋。

為此，小麗常常憤憤不平地想：我只不過是維護自己應有的權利而已，難道這也錯了嗎？

當然，捍衛自身應有的權利沒有錯，但做法可以有很多種。小麗的動機固然正確，但是方法與態度並不高明。以這種態度為人處世，必定免不了為自己樹立許多敵人。

在工作和生活中，隨時都會遇到一些人，或許有心，或許無意，說出傷害我們的話，或做出對不起我們的事。

這種時刻，你認為如何應對最好？是針鋒相對，以怨報怨，還是寬容為懷，大方地原諒？

人生好比行路，總會遇到狹窄難行的關卡。這種時候，最好停下來，讓別人先行一步。適時讓步，才能減少險阻。

心中常有這種想法，生活就不會有那麼多抱怨了。畢竟，即使終身讓步，也不過百步，能對人生造成多大影響呢？

經常讓人一步，別人心存感激之餘，也會讓你一步，於是一條小路從此變成了康莊坦途。

事事不肯讓人，別人心懷怨恨，就會設法阻礙、損傷你，那麼即使是一條大路，也會充滿險阻，窒礙難行。

懂得尊重，才有良好互動

 與他人發生摩擦時，首先要了解對方的想法，然後在顧及顏面的前提之下，陳述意見，留有餘地。

人與人之間的交往，說穿了就是心與心的交往，所以誠心換來的是真情，壞心換來的是歹意。

春秋時代，群雄並立，其中有一個小國，名叫中山。

一次，中山的國君設宴款待國內名士，不料羊肉湯準備的份量不夠，無法讓在場的人都喝上。沒有喝到羊肉湯的司馬子期感到很失面子，便懷恨在心，竟然到楚國勸楚王攻打中山國。

中山國很快被攻破，國君不得已，只得逃往國外。

他一路狼狽地奔逃，卻發現有兩個人拿著武器跟在後面，便問：「你們來幹什麼？」

那兩人回答：「從前有一個人，曾因得到您賜予的一點食物而免於餓死，我們就是他的兒子。我們的父親臨死前囑咐，不管中山國以後出什麼事，我們都必須竭盡全力，以死報效君王。」

中山國君聽完，感歎地說：「仇怨不在乎深淺，而在於是否傷了別人的心。我因為一杯羊肉湯而亡國，卻又由於一點食物而得到兩位勇士。」

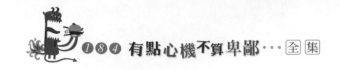

這故事告訴我們，與人相處過程中，千萬不可傷及對方的自尊，而要拿出真心，設身處地和他人交往。

從前有一位高官，喜歡下棋，自詡為高手，相當自傲。

某甲是他門下眾多食客中的一名，有相當不錯的才幹和智慧。有一天兩人下棋，某甲一下手便咄咄逼人，下到後來，竟逼得這位高官心神失常，滿頭大汗，狀況非常狼狽。

某甲見對方神情焦急，格外高興，故意留一個破綻。高官一見，滿以為可以轉敗為勝，誰知某甲又突出妙手，局面立時翻盤。

只見某甲得意地道：「你還想不死嗎？」

這位高官遭此打擊，心中很不高興，雖然有一定的修養，也禁不起刻意嘲弄，於是起身便走。從此以後，這位高官便對某甲有了極深的成見，再也不願見他的面，當然更不可能提拔。

可悲的是，某甲始終不明白自己犯了什麼錯，鬱鬱不得志。到死之前，他都不知道自己錯在不懂得顧全別人的自尊。

如果遇到必須取勝、無法讓步的事，又該怎麼做呢？

切記，即便如此，仍然要給別人留一點餘地。就好像下圍棋一樣，「贏一目是贏，贏一百目也是贏」，那麼只要能得勝就行了，何必讓對方滿盤皆輸、走投無路？

又比如與人爭辯，以嚴密的辯論將對手駁倒固然令人高興，但絕對沒必要批駁得體無完膚。這樣做不但對自己毫無好處，甚至會自食惡果，於日後遭到更猛烈的反擊。

與他人發生摩擦時，首先要了解對方的想法，然後在顧及彼此顏面的前提之下，陳述自己的意見，留有餘地。

懂得尊重，人際之間才有良好互動，這是一個不爭的真理。

落井下石，害人更害己

 平日千萬不可做落井下石的事，這不僅僅是為他人保留顏面，更是為自己日後發展的順遂著想。

人落魄時，最需要的是理解和幫助，若是對方與你沒有積怨舊恨，即使不幫助他，也應理解他，大可不必落井下石。

打落水狗，可得小心對方狗急跳牆，反咬你一口。所以，看到他人落難，就算你不打算向對方伸出援助之手，也不應該跟著別人一起落井下石，免得日後為自己惹來更大麻煩。

娟娟是一家雜誌社的攝影，由於曾在美國待過一段時間，行事有些洋派，在作風保守的雜誌社裡，顯得格格不入。

她的個性較散漫，又常做錯事，總編輯早就看她不順眼，只因她是老闆朋友的女兒，所以只好睜一隻眼，閉一隻眼。

有一天，為了一些照片，總編輯和娟娟起了衝突，眾人見戰火引燃，紛紛過去圍觀。娟娟還要力爭，眾人你一言我一語地加入戰場，她一舌難敵眾口，狼狽而逃。

在這之後，眾人更不約而同地聯合起來打擊她，挑她照片的毛病，批評她偶爾的遲到早退。

後來，她被迫辭職了。

在職場上，這就是最標準的落井下石，對失勢的人，或遭遇困境及外來攻擊的人，再加以嚴厲打擊。

別小看落井下石的傷害，人家本來已經夠慘了，你還要跟著給予打擊，豈不是最標準的雪上加霜！

當然，一個人「落井」後還遭「下石」，背後必定有原因，例如平常不懂和別人相處，鋒芒太露，引人嫉妒，妨礙了別人的利益等等。凡此種種，都會使人產生「除之而後快」的心理。所以，會不會遭遇落井下石，與個人在團體中扮演的角色、做人成敗，關係極大。

每個人的價值觀都不一樣，行事原則也不見得能讓所有人滿意，難保不會有受挫、落魄、被打擊的時候。平日千萬不可做落井下石的事，這不僅僅是為他人保留顏面，更是為日後發展的順遂著想。

見到他人遇難，不向對方伸出援助之手，反而還落井下石、雪上加霜，這種做法只能逞一時之快，從長遠角度來看，實在佔不了多大便宜。

有心改善人際關係的人，千萬要控制好自己的行為，明哲保身，別做出陷害打擊人的事。

PART 9

使場面難堪的實話，不說也罷

如果講實話會造成對方的難堪，

或者對自己造成妨礙，

那就該暫且忍耐，甚至不說也罷。

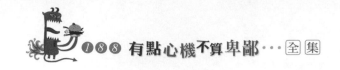

別招惹心胸狹窄的小人

 小人始終躲在暗處，用盡陰險手段算計他人，而且不肯輕易罷手。不要輕易得罪小人，以防吃虧。

與人交往，要避免得罪人。

有些人，你不慎得罪之後，可以透過誠心的賠罪彌補和對方言歸於好，但也有些人，一旦和你有了嫌隙，就會長久地記恨在心，使手段害你。後者就是你無論如何都不可以得罪的小人。

所謂不該得罪的人，指人品差、氣量小、不擇手段、損人利己之輩。

誰都不願意與這類難纏的人打交道，但不管願意還是不願意，仍不可避免地會碰上，這種時候千萬要小心，因為對方得罪不起。

這些人當中的大多數，眼睛總牢牢地盯著別人的利益，隨時準備多撈一份，為此不惜動用各種手段來算計別人，令身邊人防不勝防，說不準自己什麼時候會吃虧。

唐玄宗相當喜歡外表漂亮、一表人才、氣宇軒昂的武將，但宰相李林甫心胸極端狹窄，容不得其他人受到玄宗寵愛。

有一天，唐玄宗在李林甫的陪同下，於花園裡散步，遠遠看見一位相貌堂堂、身材魁武的武將走過去，便感歎了一句：「真威武！」並隨口詢問起那位將軍的名字。

李林甫支吾著說不知道，心裡非常慌張，升起一股危機感，生怕唐玄宗會重用那位將軍。

事後，李林甫立即找了個藉口，神不知鬼不覺地暗中把那位受到讚揚的將軍，調到了一個非常偏遠的地方，使他再也沒有機會接觸到唐玄宗，當然，也就永遠喪失了升遷的機會。

小人是琢磨別人的專家，時常為芝麻大小的恩怨付出一切代價，因此在待人處世中，想順利與小人打交道，甚至從他們身上討得便宜，還非得拿出一套行之有效的方法不可。

什麼樣的方法，才能聰明省力地對付或利用小人呢？

如果你不想把自己的水準降低到與小人同等，也不想跟小人兩敗俱傷，那就把臉皮磨厚點吧！或者睜隻眼閉隻眼，不理了事；或者惹不起、躲得起，儘量不與小人發生正面衝突。

謹記一句話：**不到萬不得已，千萬別得罪小人。**

為大唐中興立下赫赫戰功的名將郭子儀，不僅於戰場上橫掃千軍，在待人處世上也是一等一的高手。

他與人打交道的秘訣，就是：「**寧得罪君子，不得罪小人。**」

「安史之亂」平定後，立下大功並且身居高位的郭子儀並不居功自傲，為防小人嫉妒，待人接物上反而比先前更加小心。

一次，郭子儀生病臥床，有個叫盧杞的官員前來探訪。

盧杞這個人相貌奇醜，生就一副鐵青臉，臉形寬短、鼻子扁平、鼻孔朝天、眼睛小得出奇，活像個惡鬼。正因為如此，一般婦女看到他這副尊容，都不免掩口失笑。

郭子儀聽到門人的通報，馬上下令左右姬妾都退到後堂去，不要露面，他獨自一人招呼即可。

盧杞走後，姬妾們回到病榻前問郭子儀：「許多官員都來探望您，您從來不讓我們躲避，為什麼此人前來，就讓我們全部迴避呢？」

郭子儀微笑著說：「妳們有所不知，這個人相貌極為醜陋，而且內心十分陰險。萬一妳們看到他，忍不住失聲發笑，他一定會忌恨在心。若將來有一天讓他掌權，郭家就要遭殃了。」

後來，盧杞果真當上宰相，並極盡報復之能事，把所有以前得罪過他的人都陷害了，唯獨對郭子儀比較尊重，沒有動他一根毫毛。

這件事，充分展現出郭子儀的處世智慧。

要知道，小人之所以為小人，就是因為始終躲在暗處，用盡陰險手段算計他人，而且不肯輕易罷手。

為人處世中，不要輕易得罪小人，以防吃虧。

君子不畏流言、不畏攻奸，因為問心無愧。小人則不然，為了自保、為了掩飾，會對你展開反擊，沒有做不出來的事。

千萬別說自己根本不在意，要知道，也許他們一時奈何不了你，但來日方長，不可不防。

說話之時，先考慮清楚

 說話是一門高深的藝術，說好了萬事都好，得了便宜還可以賣乖，說壞了則無異於自毀前程。

有句俗話說「逢人只說三分話」，對此你是否同意？

總有些人堅持大丈夫做人做事光明磊落，事無不可對人言，不可以只說三分話，這是一種太過單純的想法。

老於世故、善於交際的人，的確只說三分話，時刻不忘為自己留條後路。千萬別認為他們太狡猾、不誠實，其實這是最機智的做法，退可保身，進可佔得便宜，塑造出好形象。

說話前，必須先看清對方是什麼人，畢竟，如果不是可以盡言的人，說三分真話，已經不算少了。

倘若面對的不是熟識相知的人，你卻暢所欲言、百無顧忌，對方的反應會如何？

是否考慮過，你會不會在不知不覺間犯到他的忌諱？他真的願意耗時間聽你嘮叨嗎？

彼此關係淺薄，你卻與之深談，顯出你欠缺修養與判斷力，只會讓自己在他人心中的印象分數大打折扣。

逢人只說三分話，不是不可說，而是不必說、不該說，這與自身心境行事的光明磊落、沒有任何衝突。

　　事無不可對人言，是指行事應該光明磊落，但是，你所做的事，並不需要一五一十地向別人宣佈。這麼做不僅可以自保，更可以避免帶給別人困擾，絕不是不誠實，更不等同於狡猾的表現。

　　說話本來就有三種限制，一是人，二是時，三是地。

　　非其人不必說。非其時，雖得其人，也不必說。得其人，得其時，而非其地，仍不必說。

　　非其人，你說三分真話，已是太多；得其人，而非其時，你說三分話，正給他一個暗示，試探反應；得其人、得其時，而非其地，你說三分話，正可以引起注意，如有必要，不妨擇地與對方另作長談，這才最理想。

　　說話是一門高深的藝術，說好了萬事都好，得了便宜還可以賣乖，說壞了則無異於自毀前程。

　　開口之前，必須將事情考慮清楚，想好了再說，否則，別人會認為你是個有口無腦、不可信賴的人。

管好嘴巴，只說安全的話

希望在人際交往中居於優勢嗎？請學著掌握說
話的藝術，管好自己的嘴巴。

一個人究竟能不能在人際交往中討到便宜，其實從他的說話
方式與技巧就可以看出端倪。

有的人說話，經常不掩飾自己的情緒，不管什麼場合，也不
問對象是誰，不考慮會引起什麼後果，心裡有什麼就說什麼，直
來直去，毫無顧忌，結果在無意中得罪了人。

客客氣氣的社交談話中，直話直說是致命傷。

別誤解，這絕不是在鼓勵說謊，而是在強調我們應該培養出
正確態度，先看場合與對象，再決定該說什麼話。

社交談話中，有很多訣竅，可以給那些說話不懂得轉彎的人
作為參考，幫助他們更佔便宜，例如預備幾個有趣的題目，侃侃
而談，但言辭儘量含糊，含糊到只有專家才能聽出破綻。

尋找安全話題時，必須考慮以下幾項：

● 使用模糊性語言

曖昧模糊，可以達到掩人耳目的效果。

使用這一招最重要的訣竅，叫作「不確定性原理」。例如，
有位物理學家最愛以世界的本質為題，使用一些模糊性語言，講

些令人費解的話，然後看到周圍的人個個滿臉愕然、面面相覷，便忍不住偷笑。

● 選擇某位不大出名的歷史人物為話題

如果你不想再聽某人喋喋不休地談論當今國家大事，不妨「以毒攻毒」，找一位不太出名的歷史人物當焦點，巧妙地轉移話題，取得主動權，這一招再有效不過。

不過，要注意的是，應當先摸清對方的底細，因為有些話題是不能隨意碰觸的。若是不巧碰上能人，你卻還胡亂吹噓，「關公面前耍大刀」，下場就不會太好看了。

● 用涵義廣泛的形容詞

交談中運用的形容詞，最好能適用於任何一個方面。

例如，有人要你對毫無所知的某本書、某齣舞台劇、某部電影或某張音樂專輯發表意見，你不妨說「我喜歡早期的作品，比較單純」，或者說「我喜歡後期的作品，比較成熟」。

這類論點無本身是非可言，無論對方是否同意你的看法，都不能說你錯。

● 講述一些歷久彌新的趣聞逸事

不必發表長篇大論，也可以令人覺得你學問淵博。若能在節骨眼上講出一樁人所罕知的事，會使人深信你滿腹經綸。

例如，記住某某作家有什麼特別的經歷，或者跟另外一位名人有什麼樣的關係，然後在跟別人閒聊文學、商界動態、名人花絮或見聞的時候，刻意表現出漫不經心的態度說出來。

如此一來，別人肯定會對你刮目相看。

● 發表別人無從駁斥的見解

閒談中，難免會聽見對方問：「你認為如何？」

你可能不想把真正的想法說出來，或者根本無法回答，因為你剛才沒有注意聽，腦袋裡想的都是其他事情，例如赴宴途中汽車發出的怪聲，或者剛才看完的某部電影裡令你念念不忘的橋段。

這種時候，千萬不要慌張，發表一些是似而非、他人無從反駁起的見解即可，例如「那得看情況而定」、「不能一概而論」、「在那種時候，本來就會有這樣的事情發生」。

● 高明地搪塞躲避

要是有個粗魯的人竭力想揭穿你的把戲，千萬別慌，也別跟對方直接衝突，大可以試著轉移所有人的注意力，例如搬出一個讓自己必須馬上離開的理由，高明地自我解圍。

有話不一定能直說，說得不好反而害人害己。

有些時候，你明明出於好意向別人獻上忠言，可對方非但不領情，反而使你有如「豬八戒照鏡子」，裡外不是人。

可曾認真想過，出現這類現象的原因，究竟何在？

事實證明，大多都是實話實說、直來直往造成的。

你希望能夠得了便宜又賣乖，在人際交往中居於優勢嗎？那麼，請學著掌握說話的藝術，管好自己的嘴巴。

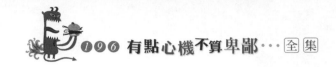

使場面難堪的實話，不說也罷

如果講實話會造成對方的難堪，或者對自己造成妨礙，那就該暫且忍耐，甚至不說也罷。

　　在社會上與人交際的機會越多，越會發現，很多時候，老實說話反而招人厭煩、破壞氣氛，並不受歡迎。

　　會說話的人早就預料到這種結果，所以在為人處世過程中，能表現得與眾不同，彈性地根據場合、對象，區別對待，說出最合適的話。

　　從前，有一個非常誠實的人，無論別人問什麼事情，他都照實說。因為這樣，他得罪了很多人，甚至連工作都丟掉了，變得一貧如洗，根本無處棲身。

　　一天，他來到一座修道院，懇求院方收留。

　　修道院長見過他並問明原因後，認為應該尊重「熱愛真理，喜歡說實話的人」，於是同意讓他在修道院裡安頓下來。

　　修道院裡有幾頭已經不中用的牲口，院長想把牠們賣掉，卻又不敢派手下的人到集市去，怕他們把所得的錢私藏起來。

　　於是，院長找來這個誠實的人，託他把兩頭驢和一頭騾子牽到集市上去賣。

　　這人來到集市，面對買主，依然只講實話：「尾巴斷了的這

頭驢很懶，只喜歡躺在稀泥裡。有一次，長工們想把牠從泥裡拽起來，太過用勁，結果拽斷了尾巴。」

「這頭禿驢性子特別倔，一步路也不想走，大家拿牠沒辦法，只好用鞭子抽打牠，因為抽得太多，毛都禿了。」

「這頭騾子，又老又瘸，完全不中用。你們想，如果幹得了活，修道院長怎麼會把捨得把牠們賣掉？」

理所當然，聽了這番誠實的話，買主們立刻轉身就走，沒有人還對這幾隻牲口感到興趣。

晚上，那人把牲口們趕回修道院，並向院長講述自己賣牲口的過程。

修道院長一聽大怒，對他說：「那些把你趕走的人是對的！無論一個人有多喜歡聽實話，都不會蠢到跟自己的荷包作對。老兄，請離開，這裡不歡迎你，今後你愛上哪兒就上哪兒去吧！」

就這樣，這人又從修道院裡被趕走了。

你或許會覺得這故事太誇張，但故事主角的遭遇絕非特例。因為過度誠實而惹上麻煩、讓自己吃上苦頭的相似例子，在現實生活中隨處可見。

舞蹈家鄧肯是十九世紀最富傳奇色彩的女性，天生熱情浪漫外加叛逆的個性，使她成為反對傳統婚姻和傳統舞蹈的前衛人物，在當時備受矚目。

她小時候性格更是純真，常坦率得令身邊的人發窘。

一年耶誕節時，學校舉行慶祝大會，老師一邊分糖果、蛋糕，一邊說：「看啊！小朋友們，聖誕老人替你們帶來了什麼禮物？」

鄧肯馬上站起來，嚴肅地說：「世界上根本沒有聖誕老人。」

老師雖然很生氣，但還是壓住心中的怒火，改口說：「相信聖誕老人的乖女孩，才能得到糖果喔！」

想不到鄧肯接著回答：「我才不稀罕糖果。」

老師勃然大怒，處罰鄧肯坐到教室前面的地板上。

這個故事裡，鄧肯還是個孩子，因此老師再怎麼生氣，頂多也只是稍微處罰她便了事。但如果換成一名公司職員拆老闆的台，讓老闆難堪，恐怕就真得吃不完兜著走了。

如果講實話會造成對方的難堪，或者對自己造成妨礙，那就該暫且忍耐，甚至不說也罷。

在社會上打滾，必備的保身秘訣之一，就是看臉色、看場合，審慎思考後才說出最合適的話。

說真話不如說好聽的話

 真誠待人固然沒錯，但是，在說老實話前要好好動動腦筋，更不可忘記分清場合，找準時機。

　　無論一個人身處在什麼樣的位置，也無論在何種情況下，都喜歡聽好話，喜歡受到別人的讚揚。

　　的確，各行各業的工作都很辛苦，能力雖然有大有小，仍免不了會希望付出的努力得到他人和社會的承認，此乃人之常情。

　　察覺別人有被誇讚的渴望，你會如何回應？

　　聰明的人，必然順水推舟，即使覺得對方表現不好，也不會直言相對。生性油滑、善於見風使舵的人，則會阿諛奉承，大拍馬屁。那些耿直的人，此時就大大吃虧了，若是實話實說，潑對方一盆冷水，必然給人留下壞印象，破壞了自己的人際關係。

　　有鋒芒也有魄力，並在特定的場合加以顯示，是很有必要的。這個尺度必須拿捏好，如果太過，不僅刺傷別人，更會損傷自己。

　　說真話並不一定討好，是成是敗，加分或者扣分，取決於時機與方式，不能一概而論。

　　換一個角度，我們會看到，個體行為的基本規律必定是趨利避害。

　　可以設想，如果某甲對別人的優點總是直言不諱，人們必定認定他是一個值得信賴的好人，樂於與他深交，並在人前人後誇

讚他，某甲將因此感到快樂和自豪。也就是說，某甲的直言爲他贏得了報償，帶來了好處，那麼，他又何樂而不爲呢？

但是，如果某甲對別人的種種缺點也同樣直言不諱，結果就不會是人人稱讚、人見人愛了。

比如，小雲認爲同事小敏的衣服搭配得難看，便馬上對她說：「腿短又粗的人，根本不適合穿這種裙子。」

小雲的出發點其實是好意，說話方式卻十分不得體，只見小敏臉一沉，轉頭就走，從此再也不跟她打交道。

小雲確實是說了實話，但一點也不受歡迎。想想，這種說話態度能讓她佔便宜嗎？答案當然是否定的，非但不佔便宜，恐怕還會讓她吃更多虧。

「待人真誠、實話實說」，這是前人留下的做人準則，要求人們用這種態度處世。可是，隨著時代的發展、社會的變遷，許多事情都在逐漸地複雜化，承襲自過往的規準有了革新、調整的必要。

真誠待人固然沒錯，但是，在說老實話前要好好動動腦筋，更不可忘記分清場合，找準時機。

場面話，該說就說

待人處世中，場面話是少不了的，當然不可以濫用，但該說的時候，還是要聰明運用。

想打好人際關係，必須先澄清一個觀念：會說場面話，並不是性格虛偽、為人狡詐的象徵。

事實上，這是疏通人際關係的一種有效手段，場面話說得到不到位，直接影響著人脈網的廣與狹。

會說場面話的人，多能在人際互動中佔得便宜，建立起好形象。但是，聽到別人對自己的場面話，就得動動腦子，認真辨別真偽了。否則，難保沒有吃虧上當的一天。

李強在一個單位埋頭苦幹了許多年，一直都沒有機會升遷，為此他感到十分苦惱，卻又不知道如何是好。

有一天，李強的一個朋友告訴他，另一個單位的營銷部有一個空缺，他便透過朋友牽線搭橋，拜訪了那單位人事部門的主管，希望能靠走後門，把自己調到那裡去。

那位主管熱情地招待了李強和他的朋友，對李強的請求，拍著胸脯說：「沒有問題，我會盡力幫忙！」

李強認為已大功告成、十拿九穩，便興高采烈地回家等消息，沒料到轉眼兩個月過去，調動的事情竟連一點消息也沒有。

他感到不解，打電話詢問朋友，想知道到底出了什麼情況，朋友卻告訴他，那個位子已經被人搶先佔了。他頓時氣得火冒三丈，質問道：「當初都答應我了，而且還拍胸脯說沒有問題，為什麼現在會出現這種狀況？」

朋友對李強的質問，也不知如何回答是好。

其實，那位主管拍著胸脯承諾李強的話，不過只是場面話。

身為主管可能接受的請託太多了，怎麼可能事事都辦到？李強卻沒有認清這個事實，傻傻相信，所以才吃了個啞巴虧。

說場面話是在現實社會中與人打交道無法避免的，更可以定義為待人處世中不可缺少的生存智慧。

場面話，一般可分為兩種：

● 實話

現實生活中，必定接受過他人的讚賞，如誇讚你聰明、機智，讚揚你很會打扮，穿著多麼的時尚合體⋯⋯等等。

這些都是場面話，但也可能陳述了某方面的事實。

當然也有些場面話屬於應酬話，與事實有相當大的差距，不可輕易相信，否則就會受到矇蔽。

雖然場面話必定是光挑好聽的說，免不了不太切合實際，但只要差得不太遠，聽的人還是會感到高興。尤其是在人多的地方說場面話，更能收攏人心，達到「得了便宜又賣乖」的目的。

● 不切實際的承諾

與人交際中，我們經常會聽到類似的場面話，例如「你的事情包在我身上」、「我全力幫忙」、「有什麼問題儘管來找我」。

　　這一類型的場面話，有時不說真的行不通，因爲對方運用壓力求你，若是你當面回絕，勢必會將場面弄得很尷尬，得罪人在所難免。

　　另外，如果碰上的是難纏的人，爲了讓你幫忙，死纏著你不肯離開，會是一件非常令人頭疼的事，這時，也只能用場面話先打發掉，他委託你辦的事情，能做到的盡力，做不到的日後再說。

　　千萬別以爲這是虛僞的表現，事實上，許多時候，不靠場面話不僅難以脫身，還會影響日後的人際關係。

　　待人處世中，場面話是少不了的，當然不可以濫用，但該說的時候，還是要聰明運用。

PART 10

小心「一見如故」
背後的暗算招數

別有用心的人在對你說「一見如故」時，

摻雜了很多奉承、拍馬的成分，

此時，你必須加以防範。

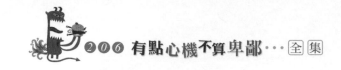

管好自己的嘴巴，看人說話

 場面話還是要說，只是在說之前務必考慮清楚，要說，就說最貼切實際的場面話。

有句俗話「見人說人話，見鬼說鬼話」，清楚點出了一個事實——擁有看人說話的本事，非常重要。

與智慧型的人說話，要有廣博的知識；與學識淵博的人說話，辨析能力一定得強；與善辯的人說話，沒有必要囉囉嗦嗦。

與上司說話，要把話說到他心坎裡去；與下屬說話，必須讓他們感覺到你的慷慨大度。

別人不願意做的事情，不要勉強；別人喜歡做的，給予大力支持；別人喜歡聽的話要多說；別人不喜歡的則少說，甚至乾脆不說。

做到以上幾大項，就算是管好了自己的嘴巴。

漢高祖劉邦滅楚、平定天下之後，開始對手下臣子論功行賞，此時就出現了彼此爭功的現象。

劉邦認為論功勞以蕭何最大，封他為侯最合適不過，給他大量的土地也屬應該，誰知其他人卻不服，私下議論紛紛，都說：「平陽侯曹參身受十二次傷，而且攻城掠地最多，論功勞絕對最大，理所當然該排第一。要封地，他也應該得最多。」

　　劉邦心裡知道，封賞問題不容易解決，免不了要委屈一些功臣。自己對蕭何是偏愛了一點，可是，心目中，蕭何確實應當排在首位。偏偏身為皇帝，又無法將這個想法明言。

　　正當為難之際，關內侯鄂君揣摩出了劉邦的心思，不顧眾大臣反對，上前厚著臉皮說起了言不由衷的場面話：「群臣的意見都不正確，曹參戰功雖大，攻城掠地很多，但那只不過是一時的功勞。皇上與楚霸王對抗五年，丟掉部隊、四處逃避的事情時有發生，是蕭何適時從關中調派兵員，及時填補戰線上的漏洞，才保漢軍不受太大的損失。」

　　「楚、漢在滎陽僵持了好多年，糧草缺乏時，都靠蕭何轉運糧食補充關中所需，才不至於斷了糧餉。再說，皇上曾經多次逃奔山東，每次都是因為蕭何，才使安危無虞。論功勞，蕭何當然最大。」

　　「現今，即使少了曹參，對王朝又有什麼影響呢？難道我們漢朝會因此而滅亡嗎？為什麼你們認為一時之功高過萬世之功呢？我主張蕭何排在第一位，而曹參居次。」

　　劉邦聽了關內侯鄂君的話，自然非常高興，因為這番場面話，完全說到了他的心坎裡去，連忙說：「好，好，就這麼定了。」

　　關內侯鄂君揣摩出劉邦想封蕭何為侯的心思，順水推舟、投其所好，專挑好聽的話說，自然得到劉邦的歡心。因為這番話，鄂君被劉邦封為「安平侯」，封地超出原來的一倍。

　　場面話的重要作用，由此可見。

　　試想，假如關內侯鄂君沒有趁機將場面話說出去，劉邦之後會給他封侯、擴大封地面積嗎？

　　答案絕對是否定的。

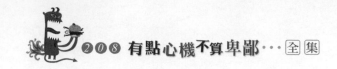

　　所以說，該說話的時候，場面話絕對不能省，但是必須掌握好尺度，不能太不切合實際。

　　有人認為說場面話是一種可恥的行為，是對說出去的話不負責的表現。這種說法雖有些道理，但太過理想化，畢竟身處現代社會，不說場面話確實寸步難行，別說討便宜了，恐怕還免不了受排斥。

　　場面話還是要說，只是在說之前務必考慮清楚，管好自己的嘴巴。要說，就說最貼切實際的場面話。

小心「一見如故」背後的暗算招數

別有用心的人在對你說「一見如故」時,摻雜了很多奉承、拍馬的成分,此時,你必須加以防範。

當一個人和你初次見面,就熱情地主動表示說,他和你「一見如故」時,千萬別高興得太早。這時候,你反而得當心。

對於這樣的人,你可以不必拒絕他的熱情,甚至也回他一句「一見如故」,維持好氣氛,但與此同時,內心一定要保持理性,冷靜看待。

這可能純粹是一句客套話,也有可能是一顆裹上糖衣的毒藥,期望藉溫情攻勢來拉近和你的距離,好從你的身上獲得某些利益。

「一見如故」固然幸運,但有時也是「不幸」的開始。

「一見如故」是很多初次見面的人習慣使用的一句話,意思是,雖然才初見面,彼此卻好像已經認識很久了。

能真正碰到「一見如故」的人,是一種幸運,因為雙方可以越過試探過程,直接進展到「交心」層次。

可是,不得不殘酷地說,以社會上層出不窮的真實例證來看,大部分的「一見如故」都不太單純,背後往往別有居心。

人性叢林裡,人會呈現出自身的多面性,在不同的時空,因不同的刺激而展現出不同的面貌。

本性屬「惡」的人,在某些狀況之下可能會出現「善」的一

面，本性屬「善」的人，也會因爲某些狀況的引動、催化而出現「惡」的作爲。至於何時何地出現「善」或「惡」，甚至當事人自己也無法預測及掌握。例如，一輩子循規蹈矩的正人君子，有可能因爲一時缺錢忽然浮現惡念，這是他過去根本無法想像的事，但就是發生了，連他自己都不敢相信。

現在，讓我們來剖析「一見如故」背後可能隱藏的訊息。

如果只是一句客套話，你的熱切回應不但無法產生效用，還會因對方隨之而來的冷淡受挫，更有可能過分暴露了自己，給有心人可乘之機。

如果說話者真的另有所圖，你的熱切回應，等同於自投羅網。

聽到「一見如故」這句話，你的態度應該如下：

第一，想想自己有沒有因此而興奮、感動？如果有，請趕快將它們澆熄、撲滅，以免因自作多情而自投羅網。

第二，如果對方在「一見如故」後還有後續動作，你應該保持善意的距離，檢驗對方用心的真偽，以免自己受傷。

第三，如果對方和你都感到「一見如故」，是最危險的狀況，你應該立刻向後退，以免引火自焚，或因太過接近而彼此傷害，葬送有可能向正確方向發展的友情。

第四，如果「一見如故」只是對方的一廂情願，你根本無心回應，那就不必多花心思在這上面。

與人交往過程中，別有用心的人在對你說「一見如故」時，摻雜了很多奉承、拍馬的成分，目的是擾亂你的判斷能力，此時，如果你不加以防範，很可能就此陷入對方設計好的陷阱裡。

親和力讓言語更具影響力

 交談時，我們需要對他人表示出真誠的興趣，並關注他的一舉一動，尋找細節，作為切入點。

　　人們普遍希望自己擁有「親和力」，因爲這不但是渴望與他人親近、和諧相處的一種心理狀態，更可以說是做人最基本的要求。凡是期望擁有良好人際關係的人，無不竭盡全力讓自己更具親和力。

　　表現出親和力，既是使情感歸依的起因，同時也是激發人際交往的動力，它對平衡人類心理、克服勢單力薄的不足，有著非常好的調節作用。

　　憑藉著親和力，人能堅強且有力地在群體社會裡屹立。

　　人都有七情六欲，表現在情感上就是喜怒哀樂等情緒，感到喜悅或是悲傷的時候，往往急欲找人傾吐，因爲這樣可以得到理解與寬慰，也可以使自己的心靈得到寄託。

　　總體來說，人類語言的親和力是多重的，並不是單一化的一種表現，甚至可說非常複雜。

　　那麼，該如何才能利用好自己的嘴巴，說出既能佔便宜、又能賣乖，具有親和力的好話呢？

　　孔子曾寫道：「物以類聚，人以群分。」

　　古語也有句話如是說：「同聲相應，同氣相求。」

這兩句話，闡述的其實都是一樣的道理：個性氣質類似的人，彼此之間比較容易相處與親近。

因此，期望提高語言親和力，可以嘗試用一些方式與他人配合，讓他人感覺到我們確實可以親近與信賴。

這樣的技巧，可透過以下幾種方式展現：

● 配合別人的感受方式

每個人都會透過自己習慣的方式來感受這個世界，並與他人進行交流。包括視覺、聽覺、觸覺、味覺、嗅覺在內的五感，一般來說，前三種用得比較廣。不同的人，傾向使用哪個感官，也是不相同的。

所以，人可以由此分成三大類：視覺型、聽覺型與觸覺型。

普遍來說，視覺型的人節奏較快，說話很快，思考也很快，喜歡閱讀圖表，而且行動力強。聽覺型的人喜歡比較有秩序的生活，說話較慢但很有條理，熱衷於交談與聆聽，行動力稍次。觸覺型的人很重視感覺、愛好舒適，說話時，多不會緊盯對方，速度也比較慢。

知道了這些之後，與別人交談的時，就可以觀察一下對方是什麼類型，迎合他的特性，說出比較可能引起興趣的話，以此增加彼此間的情分。

比如，對說話速度極快的人，要強調行動與成果；對說話時要分成一、二、三個要點的人，強調邏輯與條理；對於慢吞吞的人，則多談談某種產品會帶來什麼樣的感受。

還沒有分辨出對方是什麼類型的人，就貿然張口說話，說得好，對方可能會繼續與你交談下去，說得不好，對方可能會轉身離去。一般情況下，第二種情況發生得更多。

因此，與人交談之前，請一定要注意用用腦子，看清楚對方是什麼類型的人，然後再張口說話。

● 配合別人的興趣與經歷

成功關係大師戴爾・卡內基的著作《人性的弱點》，在銷量上，被稱爲僅次於《聖經》的超級暢銷書。

他在書中就寫道：「我們要對他人真誠地感興趣，聆聽對方的談話，就對方的興趣來展開話題，並且鼓勵他人談論自己。」

交談時，我們需要對他人表示出真誠的興趣，並關注他的一舉一動，尋找細節，作爲切入點。

開口說話前，一定要做好準備，防止說出不該說的話、流露出不該有的表情。說話是一門藝術，比須仔細拿捏。

● 使用「我也」的句子

如果對方的經歷或見解中，有跟你類似的部分，不妨多使用一些特定短語，拉近彼此的距離，像是「我也……」。

例如：「啊！你去過日本北海道嗎？我也去過呢！是去年七月的事了。您是幾時去的呢？」

「想不到你也認同『愛就是要給對方自由』，跟我一樣。」

「您同意產品的品質是最重要的，對吧？我們公司的理念也是如此。因此，您大可以比較一下我們的產品和其他同類產品，相信優劣立辨。」

根據以上這些方法，巧妙說話，你的語言親和力自然能在不知不覺間得到建立，讓你佔得更多便宜。

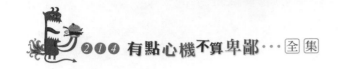

讓絃外之音傳遞真正的涵義

巧妙地把話說婉轉些，試著讓「絃外之音」代替直接的攻擊或責備，往往能夠有效降低傷害。

與人交往，必得善於聽出對方的弦外之音，領會他想要傳達的言外之意。

抓出對方的絃外之音，是最奧妙的人際關係操縱術。

會說話的人，大都話裡有話，一語雙關，精明之人無須多言直語，就會讓你心裡明明白白。

無論說話的人是不是故意暗藏玄機，聽話的人都必須搞清楚對方的真實意圖，方能恰當應對。

腦子不清，耳朵不靈，一定會多遇難堪。話中有話、旁敲側擊是聰明人的「遊戲」，笨人玩不了。腦子不靈光，說不好話，煞風景自不必說，成為笑柄更是常有的事。

話中有話、旁敲側擊，既重視策略，更重視隱含之術，較躲閃更為主動、更為巧妙，屬於高超的人際交往手段，更是聰明者才能駕馭的玄妙功夫。學會了，賣乖佔便宜都不再是難事。

話中有話，旁敲側擊的說話方式，可透過以下方式展開：

● 側面點撥

所謂側面點撥，是指從側面委婉地點撥對方，不要直言告訴

他，讓他恍然大悟自己的錯誤，從而打消失當的想法。

這個技巧，往往會藉問句的方式表達出來。

張傑與劉強是同事，也是相當好的朋友，彼此都視對方為知己。某日，同在一間公司的一位同事趙磊，突然對張傑說：「張傑，我認為劉強這小子對很多事情都太認真了，可以說是已經到了頑固的程度，你覺得呢？我說得沒錯吧！」

張傑聽到趙磊的話之後，心中頓時產生反感情緒，心想你明明知道我跟他是好朋友，還這樣問我，分明就是要我難做人，可是，又實在不好發作，只好假裝一本正經地反問道：「趙磊，先問你一個問題，如果我在背後和人一起議論你的缺點，你知道了，會不會和我反目成仇呢？之後又會怎麼看待我這個人呢？」

趙磊一聽，臉「刷」地紅了，不再吭聲。

張傑使用的就是委婉點撥技巧，也就是側面點撥。

面對趙磊的發問，他並沒有直接回答，而只是把話題轉到另一個角度，出了一道難題，產生點撥對方的作用，既表明了「劉強是我的好朋友，我不會和你一起議論他」，又隱含了對於趙磊在背後議論、貶損別人的不滿。

最重要的一點，因為這種說法比較委婉含蓄，所以不會讓對方落得太難堪的局面，不至於造成太大傷害。

● 類比警告

警告，就是指透過兩種具有某一個相似點的事物來做比較，從而達到暗示或警告對方不當言行的效果。

　　某公司的經理人張亮，在參加一次業務談判之時，遭到了另一家公司員工李某的頂撞。

　　會後，張亮怒氣衝衝地打電話找李某公司的經理，抱怨說：「如果你們不能向我保證撤銷頂撞我的那個蠻橫無禮的工作人員的職務，就代表了貴公司根本沒有達成協議的誠意。」

　　想不到李某公司的經理聽後，只一笑地說：「經理先生，對於敝公司工作人員的態度問題，究竟該給予什麼樣的懲罰，這應該是我們的內部事務，沒有必要向貴公司做任何保證吧！」

　　「換個角度想，如果今天是您的公司員工與我方產生衝突，我方強硬地要求撤換，你們得知後，又會有什麼樣的感覺呢？對手下人員的懲戒是一個公司的內部事務，我不認為與誠意有任何關係。」

　　張亮聽完這番話，雖然不高興，也只能接受。

　　在這裡，李某公司的經理，巧妙地使用了類比警告的技巧，讓對方明白了一個道理：無論兩間公司有多少相同或不同的地方，有一件事情都是絕對的，就是對於內部工作人員或經理的處分完全自主，不應該受到干涉，也跟是否具備誠意沒有任何直接關係。

　　把話說好是一門學問，可以透過很多不同途徑，達到同樣的目的。反駁對方時，巧妙地把話說婉轉些，試著讓「絃外之音」代替直接的攻擊或責備，往往能夠有效地降低傷害。

用幽默的話語表達抗議

 希望得了便宜又賣乖，人際關係順暢，左右逢源，置人於死地的事就不要做，讓人無地自容的話更不要說。

這個社會，就像個複雜的大家庭。

生活在其中，我們總會有意無意地遇到一些不平之事、不公之人，卻又不能明白地表達心中的不滿。

如何表達不滿情緒是一門學問，特別是對於一些非原則性的問題，必須做到既表達出對對方的不滿，又不至於破壞和諧的人際關係。

這並不容易，但既然我們希望在人際互動中佔得便宜，取得好結果、塑造出好形象，就一定要如此要求自己。

技巧表達心中的不滿，可透過以下兩種途徑：

● **柔性敲打**

柔性敲打，即在警告對方的時候，避免一定的衝突，借用另一種說話方式表達自己的不滿。

有一些女孩子為顯示自己有個性，會經常、刻意地生男友的氣，如果這個女孩又是父母的掌上明珠，或是備受兄長疼愛的妹妹，必定更不能容忍他人對她的抱怨與不滿。

可能會有一部分癡情的男孩子，因為某一句無心的話引起女

朋友心中的不快，怕得罪自己的「小公主」，忙不迭地向她賠禮道歉，甚至還會爲了所謂的原諒而貶低自己，以表示對戀人的忠貞，其實大可不必。

這種時候，就是柔性敲打派上用場好時機。

小麗是某公家機關局長的千金，和任職某公司的小李談戀愛時，總是顯示出自己在許多方面的優越感。可能是因爲小李出生在鄉下，是個農家子弟，沒有什麼靠山，小麗總感到不太滿意。

有一次，小麗到小李家做客，對小李家人的某些生活方式流露出不滿，還不斷地嘀嘀咕咕地發牢騷，吃過晚飯後，甚至直接使喚小李的妹妹，當作自家僕人看待。

小李心裡很不是滋味，但也不宜直說，便藉這個機會，笑著對妹妹說：「要當師父前，先當徒弟嘛！妳現在可得加緊培訓一下呀！將來等妳嫁到別人家裡，也可以擺起師父的架子來了。」

小麗也是聰明人，從小李的話中聽出了他的本意，立刻一改臉色，收斂起自己過分囂張的口氣與行爲。

小李的做法，就是在恰當的時機，用柔性敲打的方式，表示對小麗的不滿。他只用一句「要當師父，先當徒弟」的俗話來提醒小麗，避免了一場可能爆發的直接衝突。

如此表達自身的不滿，不失爲一種好辦法。

● 幽默式提醒

幽默可作爲人際關係中的一種潤滑劑，在一定的時機，用來表達自己對對方的不滿，能避免衝突難堪，效果相當不錯。

有這樣一則小故事，相當有意思：

在一間飯店裡，一位非常喜歡挑剔的女人點了一份煎蛋，然後斜眼看了看女侍者，尖聲尖氣地說：「我喜歡的煎蛋，要求蛋白全熟，蛋黃是生的，而且還能在裡邊流動。不能用太多的油去煎，鹽放得稍微少一點，還要加一點點的胡椒。」

頓了一下，她接著又說道：「不僅如此，蛋本身必須完全新鮮，而且是鄉下母雞生的。」

女侍者聽完這些話之後，微微一笑，溫柔地問說：「原來是這樣，我了解了。那我想進一步向您確認一下，那隻母雞的名字叫阿珍，不知道能否適合您的心意呢？」

這個小故事中，女侍者使用的就是幽默式提醒技巧。

面對愛挑剔的女顧客，侍者並沒有直接表明對對方所提要求的不滿，而是以其人之道還治其人之身，依照對方的思路，提出一個更加荒唐的可笑問題，藉此提醒對方：我們難以滿足您過分的要求。

對懷有惡意的人，不必拚個魚死網破，適時打草驚蛇就可以了。希望人際關係順暢，左右逢源，置人於死地的事就不要做，讓人無地自容的話更不要說。

切記，要做一個「內方外圓」之人，會說圓場話、會聽弦外音，就可以在社交活動中優遊自在、遊刃有餘。

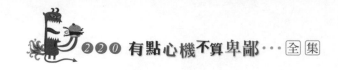

要說就說別人愛聽的話

 在說話前必須考慮清楚，用腦子想想再說，
「投其所好」，說別人愛聽的、順耳的話。

場面話不可缺少，如何把它說好，則是一門學問。

你是否有自信，在與人交流的過程中，抓準對方的喜好，合宜且不失時機地說出對方愛聽的話？

從語言被創造出來的那一刻起，人類的命運就注定了要改變。

現代社會裡，即使最簡單的事情，也少不了不同個體彼此間的親密合作，而合作的基礎，正是彼此的相互了解。此時，語言就成了聯繫雙方不可或缺的最主要橋樑。

「說話」在人類社會交流中，被當作是一種最有效工具，無時無刻不被應用。你所說出的每一字、一句，都可能影響未來。

人人都會說話，但真正說得好的人，恐怕屈指可數。

不少人認為寫文章難，實際上說話比寫文章更難，文章寫得不好還可以修改，但話說得不好，卻會釀成大禍，說出去的話等於潑出去的水，無法修改，也無法收回。

有一則笑話，是這樣說的：

一個主任要召集委員開會，為此他廣發通知，想不到等到開會的時間，準時到場與會的只有三個人。

　　見狀，他歎氣道：「唉！怎麼會這樣？這些人的時間觀念也太差了吧！真是的，該來的都不來！」

　　到場的一個委員聽了這話後，感到很不舒服，心想：該來的都不來，難道我是那個不該來的人？

　　他馬上起身，悄悄地離開了。

　　那名主任見狀，喊道：「搞什麼？不該走的又走了！」

　　其餘的兩名委員聽了這句話後，心中十分不悅，誤認為自己才是該走的人，於是一氣之下，又全走了。

　　由此可見，說話不當，不但不能達到目的，還會得罪人。

　　這則故事，給了我們一個相當好的啟示：在開口前必須考慮清楚，用腦子想想再說，「投其所好」，說別人愛聽的、順耳的話。

優秀，只在必要關頭展露

想在團體中安身立命，別讓鋒芒太露。

該藏則藏、該露則露，

這樣才討得了便宜，賣得了乖。

炫耀，只會害你把好人緣丟掉

 喜歡在他人面前吹噓炫耀者，遲早要為錯誤行為付出代價，非但討不到便宜、賣不了乖，還會吃大虧。

不想在人際交往中吃虧受害，就要時時提醒自己：無論碰上多麼得意的事情，都不要炫耀。

適當地掩飾自身才能、隱藏光芒是必要的，因為「樹大招風」是不證自明的真理。

平時，審慎地把自己的好才幹適當地隱藏起來，不但不會招來嫉妒，還會讓你的人緣越來越好，得到更多便宜。

一位女士的寶貝女兒，從英國劍橋大學畢業歸國後，進入一家金融機構任職，待遇極優，薪水相當高。

這位女士深深為女兒的出色表現自豪，面對親朋好友時，必定滔滔不絕地誇耀女兒的風光。

偶然地，女兒發覺了這個狀況，立刻私下制止母親，說她開口閉口總誇自己的女兒有多好、多優秀，就算沒有惡意，也會在無形間傷害聆聽者的感情，讓人不快。

可見，敘述自己的事情時，要防止過分突出自己，切勿使他人心理失衡，產生不快，以至影響了相互之間的關係。

如果你還不懂得內斂低調的好處，不妨看看以下的故事。

　　有兩位交情相當好的女孩，甲的容貌漂亮，乙則普普通通。她們一起去參加舞會，男士們頻頻與甲共舞，在不知不覺中冷落了乙。

　　甲下意識地感覺不妥，於是以身體不適爲由拒絕邀請，請他們轉邀請乙。男士們接受了甲的建議，乙被拉入了舞池，還以爲是自身魅力大，內心的快樂不言可喻。

　　甲以友情爲重，不想讓朋友被忽視，於是機智地採取平衡手段，使乙的內心得到平衡。消極面來說，可以避面自己被敵視，從積極面看，更能夠使友誼更加深一層。

　　英格麗・褒曼在獲得兩屆奧斯卡最佳女主角獎後，又因《東方快車謀殺案》中的精湛演出，獲得最佳女配角獎。

　　她在上台領獎時，一再地稱讚一同角逐最佳女配角獎的佛倫汀娜・克蒂斯，認爲真正有資格獲獎的應該是這位落選者，並由衷地說：「原諒我，佛倫汀娜，我事先並沒有打算獲獎。」

　　作爲獲獎者，褒曼沒有喋喋不休地敘述自己的成就與輝煌，而是表達對落選者的推崇，極力維護了對方的面子。一個人能在獲得榮譽的時刻，如此善待競爭對手，是一種極聰明的處世智慧。

　　以上兩則小故事告訴我們，一言一行都要爲他人的感受著想，切忌使人產生相形見絀的挫敗感。

　　我們經常可以看見有些人動不動大談自己的得意經歷，這是不好的。聆聽的人非但不會覺得你很了不起，甚至還會認爲你是個不成熟的、只懂賣弄「當年勇」的人。所以，除非必要，最好別經常提及自己的得意往事。

　　當然，每個人都想被評價得高一點，所以明知不可談得意之事，仍情不自禁地大談特談，這是人性中比較麻煩的一面。

　　當然，完全不談得意之事確實不可能，但在開口同時，有需要注意一下自己的表達方式。

　　在別人未談得意之事之前，自己也不要談。單方面大談得意之事並不妥當，所以先讓對方發表，自己再跟著說，造成壞印象的可能自然降低許多。

　　虛榮之心人皆有之，所以必須加以控制。喜歡在他人面前吹噓炫耀光彩一面者，遲早要為自己的錯誤行為付出代價，非但討不到便宜、賣不了乖，還會吃大虧，不可不慎。

多說別人愛聽的話

 想要使他人喜歡你，對你產生興趣，可以嘗試談論別人感興趣的話題，即使自己根本毫無興趣。

　　每個人都有自己感興趣的事物或話題，在與人交流過程中，不妨主動迎合對方的興趣，積極地為他人送上一頓「美味大餐」，相信更有助於彼此建立感情、達成共識。

　　凡到過牡蠣灣拜訪過美國總統羅斯福的人，無不對他所表現出的廣博知識感到驚奇。

　　「無論對象是牧童，獵騎者，還是一位外交家，」勃萊特福寫道：「羅斯福都知道該和他談些什麼。」

　　你必定感到好奇，羅斯福是如何做到這一點的？

　　答案很簡單，接見任何一位來訪者之前，他都會利用前一個晚上了解對方的出身背景，閱讀對方可能特別感興趣的資訊，以便找到能引起雙方共鳴的合適話題。

　　羅斯福和所有的傑出領導者一樣，懂得與人溝通的訣竅──談論別人最感興趣的事。

　　任教於耶魯大學的費爾普教授，早年也有過相關體驗。

　　「我八歲那年，有一個週末，前去探望我的姑母，並在她家小住。」費爾普在一篇關於人性的文章中寫道：「一天晚上，一

個中年人來訪，與姑母寒暄之後，便將注意力投注在我身上。」

「當時，我正巧對船很感興趣，這位客人便開始與我談論與船相關的話題，我們聊得非常開心。」

「他走後，我對姑母說，他是一個多麼好的人哪！竟然跟我一樣，對船如此感興趣！想不到姑母告訴我說，那人是一位紐約的律師，其實對與船相關的知識毫無興趣。」

「我感到大惑不解，忍不住追問道，既然如此，他為什麼從頭到尾都在與我談論船的事情呢？」

「姑母告訴我，因為他是一位高尚、隨和、體貼的人，見你對船感興趣，所以刻意地談論相關話題。這麼做，不僅能夠使你開心，同時也有助於讓他更受人歡迎。」

最後，費爾普說：「我會永遠記住姑母的話。」

另外還有一則相近的故事，也強調多說別人感興趣的話題。

杜佛諾是設在紐約的一家麵包公司，為了拓展生意，老闆杜佛諾先生想盡辦法，企圖將生產出的麵包賣給位在紐約的一家旅館。為此，長達四年時間，他每星期去拜訪一次這家旅館的經理，參加這位經理所舉辦的各種交際活動，甚至頻繁地投宿於旅館內，以期得到買賣，但總是無法如願。

杜佛諾先生說：「後來，在研究人際關係之後，我決定改變過往死纏爛打的做法。我先要找出這個人最感興趣的是什麼，又有什麼樣的事情能引起他的關注。」

「後來我打聽到，他是美國旅館招待員協會的會員，而且熱心於成為會長，甚至還想成為國際招待員協會的會長。不論大會在什麼國家、什麼地方召開，他都會興致勃勃地參加。」

「第二天，遇見他以後，我主動談論起旅館招待員協會的事。

他的態度立刻有了一百八十度的轉變，足足對我講了半小時，聲調裡充滿熱情。我可以清楚地感受出，這確實是他很感興趣的業餘愛好。在我離開他的辦公室以前，他勸我也加入協會。」

「這次談話，我根本沒有提到任何有關生意的事情，但幾天以後，那家旅館中的一位經理打電話給我，要我帶著貨樣及價目單去。『我不知道你對那位老先生做了些什麼事，』在電話裡，那位經理對我這麼說，『但他真的被你給搔著癢處了！』」

「我對這人緊追了四年，若不是因為找出了他真正感興趣的東西，從正確的方向切入，恐怕我依舊一無所獲。」

如果你想要使他人喜歡你，想讓他人對你產生興趣，可以嘗試談論別人感興趣的話題。

切記，即使自己根本毫無興趣，也要盡力迎合，如此將能使自己成為一個受歡迎的人。

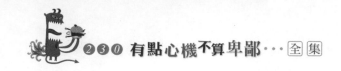

留點面子，更好過日子

不要隨便地踐踏他人的尊嚴，在公開場合給別人留足面子，要比自己死要面子強上百倍。

　　路不要走絕，話不要說死，給別人留餘地，等於給自己留一個轉圜的空間，千萬不要一下子就把別人和自己都逼到牆角。

　　既然佔了上風，就讓彼此都有台階下，千萬不要不留顏面。

　　社交過程中，免不了會遇到形形色色的人，雖然不要求自己真心去喜歡他們當中的每一個，但至少要懂得為他人留面子。

　　大家都不是傻瓜，你為他留面子，他自然也會投桃報李，給足你面子。以這種態度相處，對彼此都有好處。

　　與人相處，若雙方意見不統一，難免會產生口舌之爭。

　　會做人的人，不會讓這種爭執破壞友誼，他們總是以和為貴，進而贏得別人的好感，提高自己在他人心目中的地位，人緣自然更加穩固。

　　現實生活中，過分以自我為中心的人，只以自己定下的標準去判斷事物的是非對錯，當別人述說某種感覺、態度和信念時，他們會立刻做出獨斷的判定，因而容易與人產生爭論，導致嫌隙。

　　爭論產生後，大多數人都會竭盡全力地去維護自己那些並不全面、不成熟的觀點，對根本沒有必要深究的問題，給予太過「隆

重」的對待，因而更激化矛盾。這種時候，不妨冷靜下來，站在他人的立場考慮一下問題的實質，而後你必定會領悟一個深刻的人生哲理：狂風暴雨般的唇槍舌箭過後，我們能得到的絕對不比失去的更多。

不理性的爭執之後，友誼將出現裂痕，彼此將日漸疏遠，更可怕的是，你又多了一個「敵人」。

俗話說「多個朋友多條路，多個敵人多堵牆」，實在一點不錯。敵人樹立後，還想要再佔得便宜，可就難上加難了。

成功大師卡內基曾說過一句名言：「你贏不了爭論。要是輸了，當然你就輸了；可是就算辯贏了，你還是輸。」

請這樣告誡自己：與人爭論，並不是在向人顯示自己的威風，確認自己的口才，而是在樹立「敵人」，即使獲得勝利也沒有太大意義，不過證明了你並不是一個會做人的人，如此而已。

會做人的人，遇到此類事情時總會留一手，即使自己的口才出類拔萃，也不願與人爭論。

若迫不得已被捲進爭論中，甚至甘願當個失敗者，避開鋒芒。

爭論對雙方來說，沒有任何好處，與人發生爭執時，不妨努力使自己去了解對方，給他人留足面子。

切記，爭論無益於感情，最終產生的結果只有兩種：一是越來越堅信自己所持觀點的正確性；二是基於面子，即使意識到自己錯了，出於維護自尊的心理，仍不肯低頭認輸，使雙方距離越拉越遠，情誼破裂。

普天之下，有一種人人緣最好，就是時刻為他人留足面子，並願意在爭論中自動低頭認輸的人。

　　班傑明・富蘭克林曾說：「老是抬槓、反駁，也許偶爾能獲勝，但那是無謂的勝利，因為你永遠得不到對方的好感。」

　　每個人都有一種發自內心的優越感，總將自己的優越性，帶進與人相處的社交當中，引來一些不必要的麻煩。

　　偶爾會有些人願意主動承認錯誤，克制優越感，卻擔心被他人稱為「懦夫」、「膽小鬼」或「弱者」。

　　這種看法完全錯誤，應告訴自己，退讓並不是懦弱的象徵，而是一種難能可貴的、值得稱讚的美德，不僅是精神上的超越，更是在人際互動上取得輝煌成就的前兆。

　　「認錯」雖是簡單行為，真要做到卻相當困難，究其原因，是缺乏自我反省的勇氣，以及內心的「自我權威」感過分作祟。

　　消滅過分的「自我優越」並不是一件多困難的事情，首先，要求在與人交際過程中，為他人留足面子。

　　當所有人都對你沒有好感時，就要反省自己是否太愛與人爭論，以致於造成不受歡迎的尷尬局面。千萬別等到已經徹底被眾人所孤立才幡然醒悟，那時多已經太晚。

　　佛經裡有句話說「恨不消恨，端賴愛止」，意思是告誡人們，與人爭吵並不可能消除誤會，只有儘量讓自己去了解對方，在爭論中適度退讓，給別人留足面子，才可以讓自己的「人氣」更旺。

　　美國總統林肯曾經斥責一位和同事爭吵的青年軍官，對他說：「任何有決心、有成就的人，都不會將時間耗費在私人爭執上。爭執的後果是失去自制能力，絕不是你能承擔得起的。要在跟別人擁有相等權利的事物上，多讓步一點。與其跟惡犬爭道，被狠狠地咬一口，倒不如讓牠先走。畢竟，就算事後將牠殺死，被咬的傷口依舊存在。」

　　的確，任何人都承擔不起爭論的後果，因此，我們更應該嘗試著努力去做的，是防微杜漸，避免爭論。

　　有效避免爭論，無疑是一個亟待解決的問題。事實上，學會「給他人留面子」，就等於成功了一半。

　　現實生活中，許多人都領教過與人爭吵的苦，「吃一次虧，長一點智慧」，與人交往時一定要懂得這一點。不必隨時想要向對方顯示你的口才，也不要隨便地踐踏他人的尊嚴，在公開場合給別人留足面子，要比自己死要面子強上百倍。

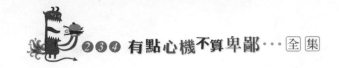

越糊塗，越能佔盡好處

 大智若愚，可以消磨對方的信心與鬥志，得了便宜又賣乖的最高境界，莫過於此。

商場上，與對手的談判，最需要運用種種溝通應對技巧，幫助自己達到「得了便宜又賣乖」的目標。

自古有云「大勇若怯，大智若愚」，將這句諺語應用到現代社會的經商、談判中，實在妙不可言。

原本膽大如虎，卻表現得膽小如鼠；原本足智多謀，卻表現得寡言木訥，目的都在矇蔽對手，肆機奪取主導權。

先來看看以下這則事例。

日本某航空公司與美國一家製造商洽談一項合作專案，為此，日方派出三名代表與美方談判。

作為賣方的美國公司，為了抓住這次絕好的商業機會，自然也挑選出幾名精明幹練的高階職員，組成專門的談判小組。

談判並不按常規方式展開，一開始，美方就拚命地宣傳自家產品，將宣傳圖像和資料貼滿了整間談判室，並耗上兩個半小時，利用三台投影機，放映了特地製作的介紹影片。

如此大張旗鼓，目的有二，一是展示自身的強大實力，二則想完全壓制住對方的氣勢。

放映、解說的過程中，日方三名代表全神貫注地觀看，不發一語。

結束後，美方一位代表得意洋洋地站起身打開電燈，臉上的笑容流露出對取得勝利的信心。然後，他向日方的三名代表說：「請問，你們對我們公司的產品有什麼想法？還滿意嗎？」

不料，一位日方代表滿臉不解地回答：「我們不懂貴公司的意思。」

這句出乎意料的回答，大大傷害了美方代表的心，笑容頓時凝結在臉上，一股憤怒之火往上升。

他穩定了一下情緒，繼續問：「沒有看懂？是哪裡不懂呢？我們可以解釋。」

日方代表彬彬有禮地說：「實在抱歉，全部不懂。」

美方代表強忍著心中的怒火，似笑非笑地問：「那，請問你們是從什麼地方開始不懂的？」

日方代表刻意表現出一副愚鈍的神情，說：「自始至終，我們根本沒有弄明白你們的用意。」

日方代表這句話，讓美方代表的自信受到了嚴重的打擊，但為了顧全大局，爭取利益，不得不耐心地重新放映一次宣傳片。這一回，解說速度明顯比上一次慢上許多。

影片放完後，美方代表再次詢問：「這一次總該明白了吧！」

不料，這三名日方代表依舊異口同聲地回答：「我們還是不懂。」

美方代表從來沒有遭遇過這樣的對手，自尊受到前所未有的嚴重打擊，徹底失去了信心。只見他癱坐下來，無奈地問道：「你們……你們到底希望我們怎樣做？」

這時，日方的一位代表才慢條斯理地站了起來，說出他們的

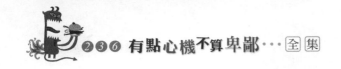

條件。由於美方代表的信心和氣勢受到了嚴重的挫傷,最後一敗
塗地,日方大獲全勝。

這就是將有示為無,明明聰明非要裝糊塗,實為清醒卻裝醉。
雖然很想得出結果,卻故意不表明心跡,耐心地靜待最佳時機,
待對手筋疲力盡時,殺得措手不及。

大智若愚,不僅可以為自己尋找機會,還可以消磨對方的信
心與鬥志,在談判過程中佔據有利位置。得了便宜又賣乖的最高
境界,莫過於此。

再看看另一則同樣精采的例子。

日本某公司欲與美國一家企業進行合作,雙方展開貿易談判。
談判一開始,急於求成的美方代表便沒完沒了地說個不停,想立
刻與對方達成協定。

日方代表見此情況卻一言不發,只將美方代表的發言全部記
錄下來,就這樣,雙方結束了第一次談判,沒有具體進展。

一個半月後,日本公司又換了幾名代表,與美方繼續上一次
的談判。日方代表似乎根本不知道先前已進展到什麼階段、商談
的內容是什麼,一切只好從頭開始。

美國代表和上次一樣,依然是滔滔不絕、口若懸河,日方代
表則又帶著寫得滿滿的筆記回國了。

又過了一個半月,雙方代表再次相見,但這次會談仍沒有任
何進展,依然是故技重演。

轉眼半年過去了,商談還是沒有任何結果,美方有如「丈二
金剛摸不著頭腦」,抱怨日方根本沒有合作的誠意。

想不到不久後,日方公司竟主動派出代表,要求進行談判。

　　這一次的會談中，日方代表一反常態，對交易做出了十分明確果斷的決策，且抓出了美方提案中的許多弱點與漏洞。美方代表在毫無準備的情況下落居被動，損失不小。

　　仔細分析，你能看出日方代表取得勝利的決定性原因嗎？

　　尋找恰當的時機，在對手防備心理降至最低的情況下展開攻擊，往往可以使事情向自己預想的方向發展。

　　商場上，大多數聰明的商家都懂得用「糊塗」來掩人耳目，等待著給對方致命一擊的最好時機。

　　寧可有為而示無為，千萬不可以無為而示有為。原本聰明卻裝作糊塗，可助自己一臂之力，相反的，原本糊塗反裝聰明，則會把自己送進尷尬的境地，成為別人的笑談。

做一個讓人猜不透的高手

表面看起來若無其事，實際上早已經預測到情勢發展方向，這樣的人，正是能得便宜又賣乖的最後勝利者。

自古以來，能夠圓融處世的聰明人，無不善於韜光養晦之術，這是保身求發展的大智慧。

身處競激烈的社會，你的所做所爲必定爲很多人注意，爲了轉移別人的目光焦點，應學著適度地隱藏能力，當一個讓人看不破、猜不透的人。

《韓非子‧二柄》中說：如果君主將自己的真實性情、所好所惡，肆無忌憚地表現在他人面前，臣子們就會想盡辦法迎合拍馬，尋找投機的機會。相反的，如果君主不將喜怒溢於言表，臣子們就會逐漸地顯出本色。這樣一來，君主才不會受到欺騙。

春秋時期，鄭莊公粉碎弟弟共叔段的密謀造反計劃，所使用的就是「隱藏」的策略。

鄭武公決定將王位傳給兒子莊公，莊公之母對武公的這一決定表示反對，因爲莊公出生時難產，母親武姜爲此受到不小的驚嚇，從此就討厭這個兒子，認定他是不祥之人。

莊公繼位以後，武姜不僅屢次詆毀莊公，更爲小兒子共叔段要了很多封地，緊接著，又逼迫莊公把京城劃分給共叔段。

　　共叔段得到京城後，不斷地擴張自己的勢力，在母親的幫助下，準備裡應外合，謀權篡位。

　　莊公明知母親不喜歡自己，也知道共叔段密謀造反之事，卻沒有採取任何行動。

　　他心裡明白，想要破除弟弟的陰謀，唯有採用「欲擒故縱」才能奏效。將欲廢之，必先舉之；將欲奪之，必先與之，先降低敵方戒心，才能抓準良機，一舉殲滅。

　　隨著共叔段勢力不斷擴大，鄭國大夫祭仲向莊公進諫，說共叔段暗地裡招兵買馬、擴大勢力，遲早要為鄭國帶來災難，莊公聽了卻不慌不忙地回答：「這是國母的意思。」

　　祭仲心急如焚，建議莊公立刻剷除共叔段防患於未然，可他毫不著急，只說：「你就等著看吧！」

　　在莊公縱容下，共叔段更加大膽，又佔領了京城附近的兩座小城。

　　鄭大夫公子呂勸莊公說：「一山難容二虎，一個國家無論如何不可能有兩位國君。假如您要把位子拱手相讓於共叔段，作為臣子的我們就去為他當大臣；如果不想交權予他，就必須趕快剷除，以免老百姓有二心。」

　　莊公表面上假裝很生氣，實際上卻將公子呂的勸告完全記在了心裡，對他說：「這事你不要管。」

　　鄭莊公對當時的局勢很清楚，知道過早動手，肯定會遭到別人議論，落得不仁不義的惡名，更何況母親也站在共叔段那邊，若是有所牽連，更會讓自己被扣上不孝的帽子。為此，他故意放縱共叔段，讓天下人都知道對方有篡位的陰謀，直到共叔段和姜氏密謀裡應外合時，才下令討伐。

　　果不其然，人心都向著莊公，共叔段被迫逃亡。

　　其實，莊公對於共叔段招兵買馬、擴大城池的行為，並非視而不見，而是故意姑息，讓自己置身於複雜時局之外，靜觀共叔段的一切舉動，等待時機成熟才舉兵，一舉殲滅。

　　複雜社會中存在著許多假象，人心也同樣如此。

　　遇到某些問題，有些人表面看起來若無其事，實際上心中早已經預測到未來的情勢發展方向，這樣的人，正是能夠得了便宜又賣乖的最後勝利者。

優秀，只在必要關頭展露

 想在團體中安身立命，別讓鋒芒太露。該藏則藏、該露則露，這樣才討得了便宜，賣得了乖。

現實生活中，許多身懷絕技的人都顯得謙虛謹慎，把自己的「絕世武功」隱藏得非常嚴密。

這麼做的主要原因，在於期望「不鳴則已，一鳴驚人」。

這裡所謂的隱藏，只是為了更好地表現，預示著正在尋求有利突破點，等到準備充分、時機成熟，再充分地發揮表現，使自己脫穎而出，成為眾人的注目焦點，得到成功。

三國時期，龐統是與諸葛孔明齊名的能人，但天生相貌醜陋怪異，因此不太受人喜歡。

他先投奔吳國，孫權嫌他相貌醜陋，沒有留用。見得不到發展，龐統決定轉投奔蜀國的劉備。

臨行前，孔明特意交給龐統一封親筆寫的推薦信，表示一旦劉備見此推薦信，定當重用。

但龐統見到劉備之後，並沒有將推薦信呈上，而是以一個平常謀職者的身份求見。

因此，劉備只讓他去治理一個不起眼的小縣。

身懷治國安邦之才的龐統，並沒有為此耿耿於懷，他深知靠

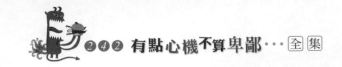

人推薦難掩悠悠眾口，自己要等到該露臉的時候才露臉。

皇天不負苦心人，後來終於讓龐統抓到一個好機會，當著劉備義弟張飛的面，將一百多天積累的公案，用不到半日時間就處理得乾淨俐落、曲直分明，令眾人心服口服。

龐統能妥善掌握該藏則藏、該露則露的做人做事原則，使得他步步高升，平步青雲，不久後便被劉備提升為副軍師中郎將。

在團體中，表現得太出色、太惹眼，勢必會遭人嫉妒，此時，就需要將鋒芒藏起來，先堵住別人的嘴。

當然，隱藏必須有限度，最終目標還是為了取勝。當你認為好機會到來，一旦施展才華就能夠一舉成名時，千萬不能吝嗇，應把所有技能展現出來，使自己脫穎而出，此時他人再生嫉妒心，也沒有實質意義跟影響了。

地位未穩固之前，想在一個團體中安身立命，最聰明的方法，就是別讓鋒芒太露。該藏則藏、該露則露，這樣才討得了便宜，賣得了乖。

PART 12

適時裝笨才是成功的法門

「深水緩流，淺水急瀑」，

在這個社會叢林裡，強者未必能永遠稱王，

反倒是適時地裝傻裝笨裝軟弱，才能駛得萬年船。

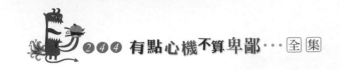

做生意不能光靠餿主意

 下三濫的做法的確聰明，可以為自己帶來為數不少的財富，但是抱持這樣的信念做生意，和詐騙集團又有什麼兩樣呢？

　　從前的人做生意是「看見需求，然後滿足需求」，但是現代卻有許多不肖業者，做生意的法門是「製造麻煩，然後解決麻煩」。

　　這種滿肚子壞水的商人總是絞盡腦汁想做大生意，卻不知道機關算盡的結果，很可能是自己先遭殃。

　　一家玻璃店的老闆最近感到非常苦惱，因為不知道為什麼麼，他玻璃店的生意每況愈下，一天比一天還要差。

　　玻璃店老闆對此狀況感到百思不解，心想：客人都不上門來買玻璃，難道是因為他們家裡的玻璃全都絲毫沒有破損嗎？

　　為了讓他的生意起死回生，玻璃店老闆找來一個瘋子，和他商量說：「你們瘋子都喜歡打碎人家的玻璃，這樣吧，你以後看到玻璃就把它敲碎，這不只好玩有趣，而且我還會付錢給你，你覺得怎麼樣？」

　　「一言為定！」瘋子回答道。

　　只是，玻璃店老闆做夢也沒有想到，這個瘋子一走出店門，就立刻從地上撿了塊石頭，把他的大門、櫥窗，還有店裡所有的

玻璃全部都砸個稀巴爛！

「創造消費者的需求，然後滿足他們的需求」，誠然是做生意的高明手法，但是倘若你在創造需求之餘，同時也製造出麻煩，雖然滿足了需求但是卻沒有給對方帶來一點好處，這樣的生意如何能做得長久？

有些修車行故意在店門口的路面灑釘子，好讓經過的機車因此而爆胎，不得不進到店裡去修理。也有些研發防毒軟體的公司故意在網路上散播病毒，好讓更多電腦系統中毒，創造出「人人都需要防毒軟體」的現象。

是的，這樣下三濫的做法的確聰明，大多時候也的確可以為自己帶來為數不少的財富，但是抱持這樣的信念做生意，和詐騙集團又有什麼兩樣呢？唯一的差別是：詐騙集團沒有良心，而這種人卻假裝自己有。

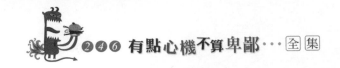

適時裝笨才是成功的法門

「深水緩流，淺水急瀑」，在這個社會叢林裡，強者未必能永遠稱王，反倒是適時地裝傻裝笨裝軟弱，才能駛得萬年船。

人活著的時候，身體是柔軟的；死的時候，身體卻變成僵硬的。或許這是為了要告誡世人：剛直無益，柔軟才是活下去的不二法門。

如果剛強不能讓你順利得到你想要的東西，那麼何不反其道而行，表現出脆弱的那一面呢？

一天，有個骨瘦如柴的男人突然跑進市集裡，邊跑邊慌張失措地喊著：「救命呀，救命呀！」

大夥兒見了，連忙問他：「發生什麼事了？」

那人回答：「後面有個賣⋯⋯賣包子的來了！我⋯⋯我生平最怕包子，你們行行好，快找個地方讓我躲一躲吧！」

這幾個人正閒著無聊，覺得這個怕包子的人非常有趣，便把他安置到一個倉庫裡。

此時，其中一個人想出了個餿主意，向大夥兒提議：「既然這傢伙這麼怕包子，我們就把包子送到倉庫裡去，看他還能往哪兒逃？」

眾人一致同意這個看似好玩其實無聊的遊戲。於是，他們立

刻買來一盤包子，送進倉庫裡，然後從外面把倉庫的門栓起來。

只是，好一會兒過去了，倉庫裡卻一點聲響也沒有。

大夥兒開始感到不對勁，該不會那個怕包子的傢伙被嚇死了？要是他真的出了什麼岔子，那該如何是好？

他們你推我，我推你，提心吊膽地把倉庫門打開。一看，那個怕包子的傢伙正在狼吞虎嚥地吃著包子呢！

眾人感到非常奇怪，驚訝地問：「你居然把包子全吃光啦？」

只見那人笑嘻嘻地說：「是啊，如今我害怕的，是茶水！」

正所謂「深水緩流，淺水急瀑」，在這個社會叢林裡，強者未必能永遠稱王，反倒是俱備一些心機，適時地裝傻裝笨裝軟弱，才能駛得萬年船。

為人處世總是以剛強的姿態面對，其實對自己一點好處也沒有，反而還會成為眾人攻擊的目標。因為如果大家知道你禁得住，也承受得起，便會對你更加毫不留情。相對的，柔弱的人不會強出頭，也不會與人正面攻擊，所以可以安穩地處於下風，反而充滿無限生機。

狂風之所以吹不斷湖邊纖細的楊柳，正是因為它懂得隨時放下身段，以柔軟的筋骨迎向激烈的風雨衝擊啊！

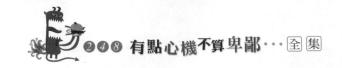

眼光不長遠，成功很遙遠

我們經常為了眼前的利益而忽略了真正重要的事情。及時享樂固然重要，但是投資自己也非常必要。

　　時間是一條流動的長河，此刻認為十分重要的事情，未來不一定重要。

　　因此，當我們在做任何決定的時候，除了滿足當下的需求之外，也應該要多考慮將來事情發展的脈絡。

　　如果你的眼光不長遠，那麼就會離成功越來越遙遠。

　　在一個貧窮的地方，有個中年人來到學校，問老師說：「我想將我的孩子送到這裡來讀書，請你告訴我，需要付多少學費呢？」

　　老師回答：「你送孩子求學，是一件很有意義的事情。依照我們學校的規定，每名學生的學費是十個銀幣。」

　　這人一聽，大聲地嚷嚷了起來：「什麼？一個學生的學費居然要十個銀幣那麼多？要是拿這筆錢到市場裡，已經可以買到一頭強壯的驢子了耶！」

　　「是啊，」老師點點頭，回答道：「十個銀幣的確足夠用來買一頭驢子。不過，如果你真的用那些錢去買驢子，而讓孩子失去受教育的機會，那麼不久的將來，你們家裡就會有兩頭蠢驢

啦！」

這個故事除了告訴我們讀書的重要之外，更是告誡我們看事情要用宏觀的態度，以及長遠的角度。

例如，每個人都知道學英文對自己的前途有幫助，但卻有很多人寧可省下到補習班學英文的錢，拿來買衣服、買化妝品，這是為什麼呢？

因為，買來的東西是可以馬上享受得到的，而學英文的成效卻必須要經過很長一段時間之後才能發揮。

我們經常為了眼前的利益而忽略了真正重要的事情。為了讓自己今天過得比較好，我們刻意不去為將來打算，這其實是多麼不划算啊！

及時享樂固然重要，但是投資自己也非常必要。一個成功的人眼睛裡絕對不會只看見今天的自己，相反的，他會努力去栽培明天的自己。

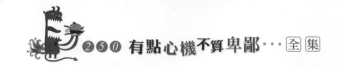

無所不知的人最無知

 人們喜歡和謙虛的人作朋友，因為和他們相處起來很舒服；人們也喜歡把事情交給謙虛的人去做，因為他們承諾過的事情不需要打折扣。

這個世界是很弔詭的，強出頭的往往出不了頭，只有時常低頭自省的人才能站上最高的位置。

如果你能夠經常自我反省，察覺到自己的不足，那麼你的生命就會變得越來越豐富，否則只會越來越無知。

有一對夫妻，無論誰說什麼，聽話的那一方總是還沒有聽完，就大聲地喊著：「行了，知道了！」

一天，有個法師來到他們家裡，送給他們一件長衫。

法師說：「這長衫是有魔法的。你把它穿在身上，扣上一個鈕扣，就會飄到離地一公尺的高度；扣上兩個鈕扣，就能飛到半空中；三個鈕扣全扣上，你就可以飛得和飛機一樣高了。」

丈夫一聽，高喊著：「行了，知道了！」說完，便迫不及待地接過長衫，立即穿到身上。

他把長衫上的鈕扣全部扣上，果然如法師所言，「咻」的一聲，就飛上雲霄了。此時，他才想到，飛上天空之後，他要怎麼回到地面上來呢？

他的妻子看見丈夫飛得那麼高，變成天空上小小的一個黑點，

覺得既吃驚又著急，只好在地面上一路追著丈夫跑。

　　只不過，她的兩隻眼睛只顧著望向天空，根本無暇顧及前方的道路，跑著跑著，便不小心一頭栽到河裡去了。

　　什麼樣的人死得最快？

　　就是那種以為自己無所不知的人，通常他們也不會知道自己是怎麼死的。

　　無論是做人做事，「虛心」都是我們應該要遵守的不二法則。人們喜歡和謙虛的人做朋友，因為和他們相處起來很舒服；人們也喜歡把事情交給謙虛的人去做，因為他們承諾過的事情不需要打折扣。

　　相反的，那些什麼都自以為知道的人，真正知道的其實是最少的。人可以什麼都可以不知道，唯有「不知道」這件事，你應該要知道。

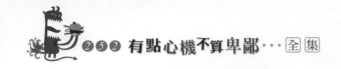

可以對朋友傾吐，但別讓他們痛苦

人們總是在不知不覺中對著朋友發洩自己的負面情緒，卻又希望對方為自己帶來的是希望和快樂。

影響人最深的，就是圍繞在身旁的其他人。

當你面對的是天使，你也會以為自己是天使；但若是你身旁聚集著一群魔鬼，你便會把自己當成魔鬼。

因為，每個人的情緒都是會互相影響的，當你遇見一個快樂的人，你樂觀的那一面便也跟著被激發出來；而當你面對的是一個愁眉苦臉的人，你的心境自然也會隨之變得黯淡無光。

一天深夜，有個人經過橋上，赫然發現一名男子爬上橋邊的護欄，正準備要往河裡頭跳。

這個人什麼都沒想，只覺得人命關天，連忙一個箭步衝上前去，把那個打算跳河的人抱住，安撫他說：「有什麼事情不能解決的呢？來吧，咱們去喝點小酒，你把你的心事說給我聽，我替你想想解決的辦法吧！」

於是，萍水相逢的兩個人走進一間酒吧，點了兩瓶威士忌，邊喝邊聊。

他們倆幾乎無話不談，從國事談到家事，從社會談到人生，從過去談到現在，從天黑談到天亮。不過，大部分的時間都是打

算要跳河的那個人在講，過路的那個人在聽。

他聽著聽著，突然間感到很絕望，便拉著他的同伴說：「唉，人生果真像你講的不值得留戀啊，走吧，我跟你--起去跳河！」

你總是把朋友當成你的心情垃圾桶嗎？你和朋友相處的時候，最常做的事情就是對著他們吐苦水嗎？

朋友的確是爲了分擔我們的憂愁煩惱而存在的，但若你和朋友交往最大的意義就是和他們分享你的負面情緒，這對你的朋友們來說又何嘗公平？

如果你的人際關係不好，那麼你應該檢討，你是那種會帶給朋友陽光，還是逼得朋友想跳河的人呢？

人們總是在不知不覺中對著朋友發洩自己的負面情緒，卻又希望對方爲自己帶來的是希望和快樂。你說，當你的朋友有多難？

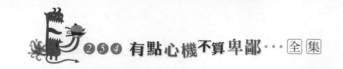

動腦思考才不會笨笨地被嘲笑

做事情之前，先問問自己：這已經是最好的方法了嗎？時時檢討現有的做法，逼自己多多動腦，思索其他的可能方案。

　　我們最親密的戰友不是朋友也不是家人，而是我們自己的腦袋。不要把動腦當成一種痛苦的考驗，而要讓動腦變成一種再自然不過的習慣。

　　時時讓自己檢討現有的做法，也是逼自己多多動腦，思索其他的可能方案。愛迪生不就是這樣才發明燈泡的嗎？

　　一名農夫趕著牛車進了城，在一家藥店門口停了下來，然後從車上卸下一扇大門板，費了九牛二虎之力，好不容易才把它搬到藥店裡去。

　　藥店掌櫃見了，疑惑地問農夫：「我們這兒是藥店，不是修門的，你把門板搬進來做什麼？」

　　農夫回答：「這門板沒問題，不用找人修理！」

　　「不用修理，那你幹嘛把它帶進城裡，而且還把它搬進我的店裡來？」藥店掌櫃越聽越覺得奇怪。

　　「我拉它進城買藥呀！」只見農夫一本正經地說：「事情是這樣的，昨天晚上，我老婆病了，醫生來探診之後，準備要開藥方，只是我找遍了家裡，都找不到紙筆，所以只好從爐灶裡拿了

塊木炭，讓醫生把藥方寫在大門上。你看，藥方就在這兒呢！」

說完，他指了指門板中央。藥店掌櫃一看，果然是個藥方！差點沒笑倒在地上打滾。

掌櫃笑著對農夫說：「你還真聰明，沒有叫醫生把藥方寫在牆壁上，否則，我看你得把房子拆掉啦！」

農夫聽了，紅著臉既是竊喜又是羞赧地回答說：「唉呀，一點小聰明而已，您實在太過獎了！」

如果你是這個農夫，相信你一定可以想出許多比用牛車把門板拉進城裡更好的方法。比如，向鄰居借紙筆，把門板上的字抄下來，或是乾脆用腦子把藥方背下來，甚至只需要把門板表面的那片木皮割下來就好。

然而，農夫卻只懂得直線式思考，一點兒也沒有想過是否還有比這個做法更好的方法。結果不僅讓自己白費力氣，而且還成為別人笑柄，你說可不可憐？

為了不要讓自己步上這名農夫的後塵，我們應該在做每件事情之前，都先問問自己：這已經是最好的方法了嗎？

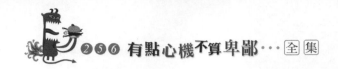
聰明才智也許不敵常識與知識

我們雖然不能增加自己的聰明才智,卻可以有效地提升自己的知識水平。很多新事物的發現,靠的不是智商的高低,而是知識的累積與運用。

一個人的學歷高,不如智力高;智力高,又不如努力吸收知識常識,增強自己的實力來得重要。

因為,打從脫離幼兒期以後,真正能夠幫助你的就不再是你的智力,而是你平時累積的實力。

有個呆子去到醫院求診,誠心誠意地對醫生說:「醫生,請您給我開點吃了會變聰明的藥丸吧!」

天底下哪裡這種藥?醫生一開始不肯答應,但是禁不起呆子又求又跪又糾纏,只好隨手開了個藥方給他。

一個星期之後,呆子再度來到醫院,對醫生抱怨說:「醫生,我把您開的藥丸全都吃光了,可是我一點也沒有變聰明啊!」

醫生沉著臉說:「我再開些藥給你,你回去繼續吃吧。」

又過了一個星期,呆子來到醫院,很生氣地對醫生說:「醫生,您開給我藥肯定是假藥,你看,我還是那個樣子,一點也沒有變得聰明些!」

醫生笑著說:「你現在不是已經變聰明了嗎?」

很悲哀的是，人的智商發展到一定的年齡，就不可能變得更聰明了。

然而，我們雖然不能增加自己的聰明才智，卻可以有效地提升自己的知識水平。很多新事物的發現，靠的不是智商的高低，而是知識的累積與運用。

很多大人物之所以可以闖出一番成就，靠的也不是天生的智慧，而是他們付出比一般人更多的努力。

做人其實不需要太聰明，因為聰明反被聰明誤的例子不勝枚舉。不過，人活在世上，就一定要不斷地吸收新知，不斷地拓展自己的知識領域。

一個人的腦袋空空雖然還是可以活得很好，但是肚子裡頭空空沒有半點墨水，便會飽受飢餓之苦。

PART 13

感謝那些陷害你的人

敵人如果害不死你，

他就等於變相推你一把，

把你推上更崇高的地位，

害你的渾蛋，也有可能是幫助你的貴人。

人際關係要靠平時維繫

要保持聯絡才能維繫情感,長久經營的關係,才是真正牢固的關係,也才是在你需要時能夠依靠的關係!

「戴著鋼盔向前衝」,這樣的鬥志或許令人嘉許,但是現代人更欣賞另外一種聰明省事的成功捷徑,那就是「靠著關係往上爬」。關係攀得好,自然一飛沖天,前途無可限量,但若關係攀不好,也有可能直接從雲端跌入萬丈深淵。

有個乞丐在路上遇見了微服出巡的國王,立刻追上去向國王討錢。

起先,國王說什麼也不肯給他一分錢,揮了揮手就繼續往前走。乞丐連忙追了上去說:「陛下,請您不要忘記,我們都是天父的兒子。嚴格講起來,我算是您的兄弟呀,您應該讓我跟您一起享受一切才是!」

國王聽了,停下了腳步,轉身丟了個金幣給乞丐:「既然我們都是天父的兒子,那就看在天父的份上,我把我擁有的東西分一點兒給你吧!」

乞丐雖然得了便宜,卻還不覺得滿足,不悅地對國王說:「陛下,您分給您兄弟的東西就只有這麼一點點嗎?您有成千上萬的金幣,應該分一半給我才對,就算不是一半,至少也該分我三分

之一啊。可是，您只給我一個金幣，這怎麼說也說不過去嘛！」

國王看見乞丐貪得無饜的嘴臉，感到非常生氣，耐著性子對乞丐說：「你說的沒錯，我的確有成千上萬的金幣，但我只能給你一個，因為像你這樣的兄弟，我也有成千上萬個呀！」

許多人都對「攀關係」這個名詞有著負面的聯想，然而，「關係」的另一種說法就是「人脈」，「人脈」的另一個名字，就是「朋友」。在家靠父母，出外靠朋友。只要這樣想，努力交朋友攀關係又有什麼不對呢？

問題是，所謂的「朋友」，所謂的「關係」，並不是在你需要的時候才拼命去尋找。若是你平常不用心去經營你的人際關係，等到有所求的時候才一一打電話去拜訪問候，別人可能會因為一通電話就願意替你赴湯蹈火嗎？

即使是和父母手足，也要保持聯絡才能維繫情感，更何況是那些與你萍水相逢的點頭之交？記住，長久經營的關係，才是真正牢固的關係，也才是在你需要時能夠依靠的關係！

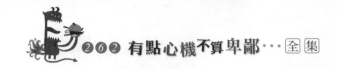
人心無法在短時間內看清

俗話說：「路遙知馬力，日久見人心。」人生需要持久的表現，與人交往，更需要長期觀察對方的行事作風。

人們總是習慣憑著「印象」去評斷一個人。

然而，印象經常是片刻、表面、短時間所組合起來的一些記憶。若想要真正認識一個人，不應該只憑印象，而要留待時間的累積證明。

單憑一時的印象判斷一個人，很多時候只會讓自己懊惱、後悔不已。

有個鄉下人，到城裡的一家旅館做夥計。

打從第一天上班開始，老闆就特別叮嚀他說：「城裡和鄉下不同，你對上門來的客人要特別熱情地招呼才行啊！」

這年冬天，有個從北方來的客人要投宿。夥計急忙上前來，笑容滿面地對客人說：「這麼寒冷的季節，我們一定會給予您最熱情的招待。今年冬天，我們這兒的雪下得不少，我想您的家鄉一定大雪封山了！」

客人聽了，原本只打算在這裡待個兩天，立刻改成住一個禮拜。

老闆非常高興，誇讚夥計說：「你的服務態度很不錯，以後

你就照這樣子跟客人說話就對了！」

　　轉眼間，冬天過去了，夏天很快就來臨。

　　一天，有個從南方來的客人來投宿。夥計一見，急忙上前來，親切有禮地對客人說：「這麼炎熱的季節，我們一定會給予您最冷淡的招待。今年夏天，我們這兒的天氣很熱，我想您的家鄉一定更熱，說不定還熱到起火災了呢！」

　　夥計拼命求表現，只不過，老闆聽了卻哭笑不得。

　　要了解一個人，需要的時間或許比我們以為的都還要多、還要長。就如同我們和自己相處了好幾十年，也未必可以徹底了解自己一樣。

　　因此，不要太快去否定一個人，也不要太快去肯定一個人；不要太快去討厭一個人，也不要太快去喜歡一個人。

　　俗話說：「路遙知馬力，日久見人心。」

　　人生需要持久的表現，與人交往，更需要長期觀察對方的行事作風。如此一來，才可以避免那些助紂為虐，甚至認賊作父的慘劇發生。

感謝那些陷害你的人

 敵人如果害不死你，他就等於變相推你一把，把你推上更崇高的地位，害你的渾蛋，也有可能是幫助你的貴人。

　　每個人都很怕遇小人，每個人都費盡心思想要防小人。然而，在人生的旅途上，碰到一些小人未必是不好的。

　　有很多人都正是因為受到小人的刺激、陷害，所以才成功地練就了一身過人的本領。

　　一名富翁要選女婿，號召城裡所有的未婚青年到他家裡來。

　　富翁宣佈：「我要把我唯一的寶貝女兒嫁給你們當中最勇敢的那個人，並且以我一半的財產作為嫁妝。」

　　接著，他把前來應選的青年帶到池塘旁邊，然後打開池邊的一個大鐵籠，將關在裡頭的獅子趕下水裡去。

　　沒想到獅子才剛下水，就馬上被潛在池塘中央的一條大怪魚一口吞掉，連屍首都沒個影子。大夥兒一看，不禁毛骨悚然、面面相覷。

　　這時，富翁對青年們說：「你們誰要是敢跳到池裡去，並且第一個游到對岸，那麼我就把女兒嫁給他！」

　　好一會兒工夫，池邊一片寂靜，沒有一個年輕人肯冒這個險。

　　突然，「噗通」一聲，一個小夥子跳進池裡，以飛快的速度

往對岸游去，並且十分幸運，毫髮無傷地從池塘裡爬了上來。

現場掌聲如雷，大家都非常佩服這個小夥子英勇的行為。

富翁非常高興，連忙跑到小夥子的跟前，拍著他的肩膀說：「小夥子，你真不簡單！告訴我，除了我女兒之外，你還有什麼其他的要求？只要我做得到的，我統統都答應你！」

只見小夥子非常憤慨地說：「先生，我什麼也不要。我只想要知道，剛才是哪個渾蛋把我推到水裡去的！」

尼采說過一句名言：「殺不死你的，就會讓你變得更堅強。」

敵人如果害不死你，他就等於變相推你一把，把你推上更崇高的地位。

因此，我們知道，害你的渾蛋，也有可能是幫助你的貴人。如果不是因為他們，或許你仍過著平淡無波瀾的人生，沒有人可以刺激你的腎上腺素，也沒有人可以成功地逼你使出降龍十八掌的最後一招。

正所謂「山窮水盡疑無路，柳暗花明又一村」，如果不是走到了山窮水盡的地步，你又怎麼會有機會發現柳暗花明的世外桃源？如果你總是自己被奸人所害，如果你經常覺得遭逢不測，那麼或許你應該要想到拿破崙的這句名言：「最困難的時候，也就是我們離成功不遠的地方。」

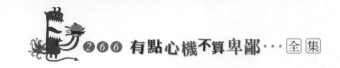

將心比心，別讓朋友更傷心

不是發生在你身上的事情，你很難去想像當事人的感受。因此，做人應該要懂得將心比心，要站在別人的立場著想。

做人做事最重要的準則是將心比心，人際關係大師卡耐基曾說：「如果你擁有一顆富於同情的心，那麼你就會獲得許多權力無法獲得的人心。」

人們之所以不懂得將心比心，是因為他們沒有想過同樣的事情有一天也可能會發生在自己身上。

有一次，拿破崙來到一個小鎮，在一家小旅館投宿。

店主夫婦竭盡所能地招待他，因為他們聽說，拿破崙是個脾氣很暴躁的將軍，要是不小心得罪了他，那可不得了啊！

第二天早上，拿破崙和士兵準備動身。臨走前，他對店主夫婦說：「謝謝你們的招待，我很喜歡你們的服務，所以要獎賞你們。你們想要些什麼呢？」

店主一時之間答不出個所以然來。他知道，如果要求得太過分，拿破崙將軍一定會生氣，但若什麼也不要求，他也同樣會生氣。

於是，店主說：「將軍，您能不能告訴我們一件事情，作為獎賞？」

「什麼事？」拿破崙感到有些好奇。

「我聽說在某次戰爭期間，有一次您在一幢農舍裡睡覺，突然有一群俄國士兵闖進去搜捕，當時您立即躲藏起來。能不能告訴我們，您躲起來的時候，心裡是什麼感受？」

拿破崙聽了，立即鐵青著一張臉，命令兩名士兵將店主夫婦捆綁起來，押到院子裡的一堵牆邊，然後下令道：「瞄準！」

店主看見士兵舉起了槍對著自己，連忙哀求說：「請您別開槍啊，我這麼問只是純粹出於對您的崇拜，一點惡意也沒有啊！」

此時，拿破崙命令士兵放下武器，然後上前對店主說：「當俄羅斯人搜捕我的時候，我心裡的感受如何，我想你現在應該明白了吧！」

不是發生在自己身上的事情，我們很難去想像當事人的感受。

因此，待人處事應該要懂得將心比心，不要執著於自己的角度，而要站在別人的立場為他們著想。

一位佛學大師曾說：「我們怕家裡的狗挨餓，所以定時餵牠食物；我們怕家裡的盆栽枯萎，所以每天替它澆水。既然我們對於動植物都可以有這份慈悲了，為什麼對人就不能給予這份將心比心的體諒呢？」

不要把自己的快樂建築在別人的痛苦之上。下一次，當你看某個人不順眼時，請先問問自己，你是否有站在對方的立場想過呢？

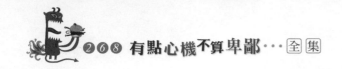

與其盲目追逐，不如尋找自己的幸福

與其羨慕別人的位置，不如試著接受自己現有的位置；與其羨慕別人的快樂，不如用心細數自己的幸運。

如果命運之神給了你兩條路選擇：一是當個位高權重卻不快樂的主管，一是當個平凡卻快樂的小職員，你會如何選擇？

這個問題並沒有標準答案，大主管和小職員都有他們的苦處與樂處。很多時候，我們不快樂，是因為我們總是想像著別人都比我們快樂。

一座城市的大橋下，住著一群乞丐。

一天晚上，乞丐們聚在一起聊天。其中一個說：「最近物價不斷地上漲，居民們叫苦連天，真是可憐啊，我真不知道他們的日子是怎麼過的呢？」

另外一個乞丐接口說：「就是嘛，他們真是太可憐啦！哪像我們，不用為柴米油鹽而憂愁，多快樂啊……」

第三個乞丐聽了，插嘴說：「是啊，管他米酒漲價，還是石油漲價，也全都不關我們的事！」

「還有還有，」第四個乞丐哈哈大笑起來：「我們住在橋下，連房租都省了，我敢說這世界上一定沒幾個人能夠像我們這麼開心啊！」

　　此時，旁邊一個一直沒有開口說話的乞丐突然打斷了他們的話，警告他們說：「噓，你們小聲一點好不好！當心被過路的人聽見，他們說不定會眼紅，想搶我們的飯碗呢！」

　　所謂「知足常樂」，這句話真是一點也不假！

　　人生難免會碰到不如意的際遇，人也難免會被放到自己不喜歡的位置。但是，只要保持樂觀的心，凡事往好的方面想，即使睡在天橋下，也可以活得比住在別墅洋房的人還要開心。

　　不可諱言的，生活當中充滿了無奈，而其中最無奈的一件事情，就是「活著」本身。不管你開心也好，不開心也好，日子都還是得照樣過。

　　既然如此，與其羨慕別人的位置，不如試著接受自己現有的位置；與其羨慕別人的快樂，不如用心細數自己的幸運。

　　接受自己現有的位置，你才能把這個位置坐穩、坐熱、坐得舒服自在，也坐得比別人更好。

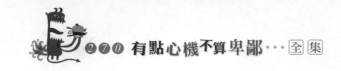

拿捏好分寸，才會討老闆歡心

 侍奉上司其實就像服務尊貴的客人一樣。越是親近在上位者的人，做起事來越是需要小心拿捏分寸。

　　無可否認的，老闆主宰著員工的升遷，面對形形色色的上司，上班族必須兢兢業業地力求表現才能向上攀升。

　　每個人都希望成為老闆眼中的「愛將」，卻有不少人弄巧成拙，變成上司心目中的「礙將」。你知道問題究竟出在哪裡嗎？

　　一家高級飯店向來以服務周到享譽國際，旅客來到這裡，往往都不會記得這家飯店有什麼特色，只會對服務員彬彬有禮的態度感到印象深刻。

　　一次，有位從美國來的旅客住進這家飯店，臨睡前，客人對一位新來的服務員說：「請你在明天早上五點鐘將我叫醒，我有事情要外出。」

　　「是的，我一定為您辦到！」新服務員很有禮貌的回答。

　　第二天早上，這想力求表現的新服務員居然笨到五點親自來到客人的房間。他看見客人還在酣睡，但旅館又規定服務人員不得打擾旅客休息，左想右想之後，便在床邊留下一張字條，然後又躡手躡腳地離開了。

　　到上午十點，這名客人才從睡夢中醒來。他一看手錶，發現

自己已經錯過了起床的時間，立刻連滾帶爬地跳下了床。

　　此時，他發覺床頭上有一張字條，上面寫著：「敬愛的客人，現在已經五點鐘了，請您起床吧！」

　　「叫人起床」這個工作真是吃力不討好。如果你賣力把對方叫醒，對方可能會因此衝著你發一頓起床氣；如果你不努力地把他叫醒，他又有可能會怪你害他誤了正事。如果他想賴床，你卻阻止他賴床，他可能會因此對你懷恨在心；如果他想賴床你就放任他賴床，他又有可能會怨你辦事不力。

　　侍奉上司其實就像服務尊貴的客人一樣，越是親近在上位者的人，做起事來越是需要小心拿捏分寸。

　　最好的方法，是把自己當成一具電話，或是一道警鈴，你只需要在適當的時候發出聲響，點醒他，而不是搖醒他。做你該做的事，而不是費盡心思地去猜測對方想要你做什麼事。

有點心機不算卑鄙 全集

作　　者　公孫龍策
社　　長　陳維都
藝術總監　黃聖文
編輯總監　王郡凌
出 版 者　普天出版家族有限公司
　　　　　新北市汐止區忠二街 6 巷 15 號
　　　　　TEL / (02) 26435033 (代表號)
　　　　　FAX / (02) 26486465
　　　　　E-mail：asia.books@msa.hinet.net
　　　　　http://www.popu.com.tw/
　　　　　郵政劃撥 19091443 陳維都帳戶
總 經 銷　旭昇圖書有限公司
　　　　　新北市中和區中山路二段 352 號 2F
　　　　　TEL / (02) 22451480 (代表號)
　　　　　FAX / (02) 22451479
　　　　　E-mail：s1686688@ms31.hinet.net
法律顧問　西華律師事務所・黃憲男律師
電腦排版　巨新電腦排版有限公司
印製裝訂　久裕印刷事業有限公司
出 版 日　2024 年 6 月第 2 版第 1 刷
ISBN◉978-986-389-933-4　　條碼 9789863899334
Copyright◎2024
Printed in Taiwan, 2024 All Rights Reserved

國家圖書館出版品預行編目資料

有點心機不算卑鄙 全集 ／
公孫龍策編著.─第 2 版.─：新北市，普天出版
2024.6 面；公分. - (生活講義；176)
ISBN◉978-986-389-933-4 (平裝)
CIP◉177.2